UN MATRIMONIO DIVINO

UN MATRIMONIO DIVINO

Descubriendo la Bendición y
la Belleza del Pacto Matrimonial

LUIS Y KRISTEN ROMÁN

Un matrimonio divino

Impreso por XO Latino, una división de MarriageToday y XO Publishing.

Para más información contacte a MarriageToday™ por correo, teléfono o visítenos en Internet:

P.O. Box 59888, Dallas, Texas 75299
1-800-380-6330
marriagetoday.com

Edición: *Interpret The Spirit, LLC*

ISBN: 978-1-950113-32-3 (rústica)
ISBN: 978-1-950113-33-0 (ebook)

Impreso en los Estados Unidos de América

Índice

Introducción

QUERIDOS AMIGOS, SOMOS LUIS Y KRISTEN ROMÁN, y queremos darte la bienvenida a este libro que con mucho cariño hemos escrito para todos aquellos que no se conforman con solo tener un buen matrimonio, sino que buscan la plenitud de un matrimonio divino. Sabemos por experiencia que toda pareja que se une quiere experimentar una relación para toda la vida.

Sin embargo, también sabemos que los buenos deseos no son suficientes para lograr un matrimonio exitoso. En este libro descubrirás lo que es un matrimonio divino y cómo poder vivirlo aplicando las promesas de Dios a tu relación. No sabemos cuál sea tu situación de pareja actual, pero, por seguro, este libro es para ti. Todos tenemos la oportunidad de tener una vida de pareja feliz y bendecida; solo debemos descubrir el secreto que nos lleva a ello. Y por eso decidimos escribir este libro. Queremos compartir lo que hemos recibido, aprendido y puesto en práctica en nuestro propio matrimonio. Tenemos más de veinticinco años de casados y tres hijos que ya son jóvenes adultos, y podemos decirte con certeza que un matrimonio de éxito si existe, ¡no es perfecto, pero sí es divino! Si abres tu corazón a la Palabra de Dios y pones en práctica los principios que en este libro compartimos, tú también tendrás la oportunidad de lograr un matrimonio divino y de ayudar a muchas parejas más a tener uno.

En los primeros años de nuestro caminar juntos, nunca imaginamos que un día íbamos a escribir un libro para ayudar a los matrimonios. Yo (Kristen) recuerdo perfectamente la noche que bajé a la sala de televisión con un bebé en brazos, quien había despertado llorando, asustado por nuestros gritos. Traté de consolarlo, meciéndolo y susurrando en su oído promesas de que todo iba a estar bien. Sin embargo, la verdad es que ya no creía que las cosas iban a estar bien; había perdido la esperanza y por primera vez pensé lo inimaginable: *Mejor me voy*. Yo sabía que amaba a Luis profundamente, pero vivir juntos era un conflicto tras otro y estábamos viviendo una crisis constante. No podíamos ponernos de acuerdo en absolutamente nada. Cada desacuerdo se convertía en un gran pleito, alimentado por la ofensa y el dolor. Ahora nuestro hijo estaba pagando las consecuencias; eso fue la gota que derramó el vaso en mí: *¡Mejor me voy!* Mi mente empezó a correr en mil direcciones: *¿Cómo lo hago? ¿A dónde me voy? ¿Qué va a pasar? ¿Dios, dónde estás?*

En ese momento de desesperación sucedió algo sobrenatural. Escuché a un perro ladrar ferozmente afuera de la ventana. Sé que eso no parece algo sobrenatural, pero la ventana de nuestra casa no daba a la calle, sino al jardín que estaba rodeado de una barda y nuestro perrito estaba dormido dentro de la casa. El fuerte ruido me sacó de mis pensamientos frenéticos y sentí un temor espantoso. Me llegó a la mente como un destello de claridad: «¡Estén alerta! Cuídense de su gran enemigo, el diablo, porque anda al acecho como un león rugiente, buscando a quién devorar» (1ª de Pedro 5:8, NTV).

De repente entendí que Luis no era el enemigo y que no tenía que huir de él. Lo que estaba pasando era un plan diabólico para devorarnos y destruir los planes de Dios en nuestra vida. Entendí que lo mejor que podía hacer para mi matrimonio y para mi hijo era quedarme y pelear contra el enemigo y no en contra de mi esposo. En ese momento tomé autoridad sobre mis pensamientos y me puse a orar, atando el poder del enemigo en nuestro matrimonio y declarando los propósitos de Dios sobre nuestra familia. Las cosas no cambiaron de la noche a la mañana, pero poco a poco salimos de esos tratos tan dañinos. Aprendí esa noche lo importante que es tener una revelación espiritual. Jesús nos dice en Juan 10:10: «El ladrón no viene más que a robar, matar y destruir; yo he venido para que tengan vida, y la tengan en abundancia». La buena noticia es que en medio de la batalla Dios promete abundancia. Esa abundancia está conectada a la presencia de Jesús en nuestras vidas. No es algo que logramos apartados de él; necesitamos su toque divino.

La palabra *divino* se puede definir en dos maneras:

1. Algo que viene de Dios, y todo lo que viene de Dios es sublime y expresa sus características.
2. Algo que es destacado por su hermosura y sus cualidades positivas.

Todos queremos un matrimonio bendecido en esa manera, con el toque divino de Dios y que ¡se destaque por ser una experiencia muy hermosa! La pregunta es: ¿cómo?

Dios nos ha dado principios específicos para poder desarrollar un matrimonio de acuerdo a su corazón. Si tú y tu pareja aplican estos principios, estamos seguros que verán las promesas y los propósitos de Dios cumplirse en sus vidas y su matrimonio será divino.

CAPÍTULO 1

Los fundamentos del matrimonio

«Dios, en el principio, creó los cielos y la tierra ...Y Dios creó al ser humano a su imagen; lo creó a imagen de Dios. Hombre y mujer los creó».

(Génesis 1:1; 1:27)

EN EL PRINCIPIO, DIOS CREÓ EL MATRIMONIO. EL Creador de los cielos y la tierra diseñó la entidad perfecta para ser el escaparate de la máxima expresión de su amor: la unión de un hombre y una mujer creados a su imagen y semejanza. El matrimonio no es una creación del hombre, sino de Dios, y por lo tanto es divino.

La pregunta es: ¿por qué entonces no hay muchos matrimonios que expresen esa divinidad, que experimentan su paz y gozo, y que reflejan al mundo su amor? La respuesta es porque Dios no es el fundamento de su unión. El matrimonio es divino cuando Dios está en él. Cuando Dios está ausente en el matrimonio y no es el ancla, el eje, el fundamento; entonces, se convierte solamente en un compromiso verbal o de contrato, egoísta y basado en expectativas e ilusiones falsas de lo que uno espera de la otra persona: *Yo me casé para que él o ella me hiciera feliz. Pensé que nuestro matrimonio sería de esta o aquella manera.* Por qué no preguntarle a Dios cómo funciona un matrimonio de éxito si él es el Creador de este. Dios es sobrenatural y un matrimonio divino también lo es. No es suficiente tener buenas intenciones, ideas, hábitos, etc. Es obvio que todo eso ayuda, pero un matrimonio divino en el contexto bíblico es cuando Dios es el fundamento. Por eso no es lo mismo estar casado bajo su bendición que estar *arrejuntado*.

Las parejas que se unen para vivir juntos y formar una familia lo hacen en una de las siguientes tres formas:

- Una relación en unión libre
- Matrimonio contractual
- Matrimonio de pacto divino

Tú puedes tener una relación fuera de matrimonio (unión libre), un matrimonio contractual o un matrimonio de pacto divino. Veamos las diferencias de cada uno y por qué es tan importante escoger bien cómo queremos vivir nuestra relación de pareja. Esperamos que esta información sea de revelación e inspiración, para que puedan identificar: «Aquí es donde estamos» y que puedan cobrar ánimo: «Pero allí es donde queremos ir, ¡y con la ayuda de Dios todo es posible!».

Una relación en unión libre

Una relación fuera de matrimonio es cuando dos personas deciden unir sus vidas y vivir bajo un mismo techo y tener relaciones íntimas solo bajo el acuerdo de que tú eres mi pareja. No hay un compromiso ante Dios, ante la ley o ante la sociedad. En este caso el índice de separación es más alto de los que han tomado el compromiso de un matrimonio ante un juez o ante la iglesia.[1] Hoy en día hay muchas parejas que viven en unión libre principalmente por dos razones:

1. *Falta de conocimiento:* no tienen conocimiento de la diferencia entre un matrimonio y una unión libre, como tampoco de las consecuencias. El pensamiento normalmente en este caso es: *Si nos amamos eso es lo que cuenta. Un papel no tiene valor para nosotros.* Incluso los que han crecido en familias con valores tradicionales sobre el matrimonio deciden seguir lo que dicta la sociedad moderna, con la idea de que *vivir juntos es normal. Todos lo hacen.* Difieren con las ideas tradicionales de sus padres, o líderes espirituales. Por lo tanto, toman decisiones por sus propios impulsos sin importar quién esté de acuerdo o no. Muchos ya han tenido relaciones sexuales y sienten que se pertenecen el uno al otro, y a veces ya tienen un hijo o varios por consecuencia de lo mismo y deciden vivir juntos para crear una familia a su manera.

2. *Temor:* en muchos casos no tienen en su entorno un buen ejemplo de lo que es un matrimonio saludable

1. *Marriage and Cohabitation* por Ahu Gemici y Steve Laufer (New York University), https://economics.yale.edu/sites/default/files/files/Workshops-Seminars/Labor-Public/gemici-111006.pdf.

> y duradero. Han visto o experimentado el dolor del divorcio y no quieren vivir lo mismo. Piensan que vivir juntos sin el compromiso sería una manera de probar primero si las cosas van a funcionar y así evitar un matrimonio fracasado. Los que viven en hogares disfuncionales desean salir o huir de una situación complicada en casa. La mujer, en especial, puede llegar a sentirse atrapada en su familia y posiblemente acosada o abusada física, verbal o sexualmente y lo que quiere es escapar de esa penosa situación. La unión libre pareciera la opción para empezar una nueva vida juntos.

Si estás leyendo esto y te encuentras en una relación fuera del matrimonio, no importa cuales sean las razones, nuestra intención hacia ti es mostrarte la gracia de Dios. Queremos guiarte a un entendimiento del porqué Dios estableció el matrimonio como un pacto divino y por qué vivir fuera del pacto es negarte a ti mismo de la abundancia que Dios tiene para ti.

Una de las consecuencias de una unión libre es que no hay compromiso más allá de los sentimientos, la atracción sexual y los acuerdos y promesas que se han hecho el uno al otro. Lo que a menudo mantiene a estas parejas juntas a través de los años son los hijos y los compromisos financieros que han tomado. Muchas veces hay un sentimiento de falta de amor sincero en el corazón, principalmente en el de la mujer. Toda mujer quiere sentirse protegida y segura en una relación estable. Lo que menos ofrece una unión libre es seguridad y protección. Esa falta de seguridad afecta la salud y el bienestar, ya que estadísticamente las personas casadas viven más años y con mejor salud que los que cohabitan sin casarse.[2] Con el

2. *Health, Marriage and Longer life for Men* de Lee A. Lillard (Constantijn Panis), https://www.health.harvard.edu/mens-health/marriage-and-mens-health.

tiempo las razones por las que se unieron pierden su fuerza, y las ofensas diarias y la desconfianza de no tener un compromiso serio hacen que este tipo de relación se disuelva o se mantenga en un estado de sobrevivencia.

Otra consecuencia grande de una unión libre es que al no haber un compromiso delante de Dios, la ley o la sociedad, deja al descubierto el aspecto espiritual. Abre la oportunidad para que el enemigo número uno del ser humano, el diablo, actúe con toda libertad legal para robar, matar y destruir lo que pudo haber sido una gran bendición, si se hubiera hecho a la manera de Dios (Juan 10:10). Aun cuando la pareja empieza con buenas intenciones de amarse y ser fieles, hay fuerzas espirituales trabajando en su contra y no tienen armamento para defenderse. El deseo de Dios es derramar su abundancia sobre nuestras vidas, pero para que eso suceda tenemos que estar alineados con su voluntad. La unión libre no es la voluntad de Dios y por lo tanto no conlleva su bendición.

> «Dios no nos llamó a la impureza, sino a la santidad; por tanto, el que rechaza estas instrucciones no rechaza a un hombre, sino a Dios, quien les da a ustedes su Espíritu Santo». (1ª de Tesalonicenses 4:7-8)

Una pareja que vive en unión libre no tiene identidad ante la sociedad, ante la ley y tampoco tiene paz con Dios.

Un matrimonio contractual

Un matrimonio contractual es cuando una pareja decide casarse y hacer su compromiso público ante la ley y posiblemente también ante la iglesia. Normalmente escuchamos algo así: «Nos vamos a casar por el civil y también por la iglesia». En muchos países, el Estado está separado de la iglesia y tienen diferentes jurisdicciones. La iglesia no tiene un poder legal. En los Estados Unidos los líderes espirituales certificados poseen también la autoridad legal al oficiar un casamiento. El llevar a cabo una ceremonia legal y religiosa es un importante paso en la formalización de una relación, ya que ante la sociedad y sus tradiciones religiosas es lo correcto y lo que es moralmente aceptable. En estos casos, usualmente el deseo y el compromiso de la pareja son sinceros y quieren hacer las cosas correctamente para formar una bonita familia.

Como la definición lo dice: un matrimonio contractual está basado en un contrato ante la ley y en muchos casos ante la iglesia. Y como todo contrato se puede deshacer; se puede dar por terminado con las penalizaciones correspondientes. En la parte legal, dicha unión expresa que ahora son un matrimonio ante la ley, unidos bajo los estándares legales, donde se define que ya no son solteros. Más bien se pertenecen el uno al otro, así como también se describe cuál será el acuerdo legal sobre los bienes adquiridos mientras que el matrimonio esté vigente.

Por el lado religioso, la tradición es llevar a cabo una celebración dependiendo de las creencias de la pareja y de las familias involucradas. Aunque muchos de nosotros crecimos dentro de familias con tradiciones religiosas, no siempre entendemos lo que esto significa. La boda religiosa muchas veces está basada en la emoción del vestido, los invitados, la decoración, los alimentos, la fiesta o recepción, etc. Nada de esto está mal, pero en muchas ocasiones se pierde lo más importante, que es el compromiso verdadero y sincero delante de Dios de unir la vida de dos personas juntamente con Cristo. Cuando Cristo no está en el centro de la unión, todo depende del esfuerzo de uno mismo. La intención de Dios nunca fue crear un contrato de matrimonio que dependiera de un acuerdo humano. El resultado lo vemos en los miles de matrimonios que han acabado en la separación o el divorcio por el rompimiento de los votos matrimoniales. *Te amaré toda la vida, en la salud y en la enfermedad, en la riqueza y en la pobreza, en las buenas y en las malas, te seré fiel hasta que la muerte nos separe...* Son votos sagrados, creados con la intención de enlazar a dos seres humanos con la divinidad de Dios. Pero al no tener un sello divino, se convierte simplemente en deseos elocuentes que son difíciles de cumplir. Y al pasar el tiempo esas promesas se rompen, juntos con la ilusión y el corazón.

No estamos diciendo que un matrimonio ante la ley y la iglesia no tiene valor. Claro que lo tiene y es el primer paso hacia un matrimonio que será exitoso. Pero en muchos casos la parte que Dios trae al matrimonio queda fuera o solo como un adorno religioso, pero no como un pacto sellado con la bendición y participación de Dios.

Los matrimonios contractuales están llenos de buenas intenciones, pero en la realidad viven una desilusión por la falta de entendimiento espiritual. Viven en paz ante la ley y la sociedad, pero no tienen una paz duradera con Dios. Se sienten que depende de ellos el poder cumplir con el contrato y lograr el éxito en su matrimonio.

Matrimonio de pacto divino

Un matrimonio divino es un pacto y no solo un contrato. Dios toma muy en serio nuestros compromisos. El matrimonio divino es un pacto delante de Dios y con Dios. Es importante entender lo que significa un pacto. La gente hoy usa este término como si fuera un acuerdo, igual que un contrato, pero bíblicamente es diferente. En la Biblia los pactos se hacían delante de Dios y se sellaban con sangre, demostrando la severidad de las consecuencias si se llegaran a romper. Hay una historia en la Biblia en Génesis 15 que ilustra un cuadro descriptivo de lo que es un pacto ante los ojos de Dios. Dios se le aparece a Abram en una visión prometiéndole una tierra y una descendencia de hijos. Abram pide confirmación a Dios sobre la promesa que parecía imposible. Dios le responde haciendo un pacto con él. Le pidió a Abram que trajera animales para un sacrificio y que los cortara a la mitad. En la tradición hebrea los pactos no se escribían, sino que se realizaban por medio de hacer un corte. Se decía: «Vamos a cortar un pacto». Literalmente se cortaban los animales y donde escurría la sangre, ahí en medio es dónde caminaban las dos personas que hacían los juramentos. Servía como un recuerdo gráfico de lo que le esperaba al que no cumplía el pacto al pie de la letra. Es decir, mi promesa es tan confiable que prefiero que me pase lo mismo que a estos animales que no cumplir mi palabra. ¿Crees que pudieras confiar en una promesa así? Pues así es el pacto de matrimonio. Lleva la misma seriedad y las mismas consecuencias cuando se rompe. Por eso Dios dice que odia el divorcio (Malaquías 2:16). Uno podría decir que hay divorcios todos los días y que no hay ni sangre ni muerte. ¿No? Pregúntele a una persona que está pasando por uno. Sufre el desgarre del corazón, el llanto inconsolable de los hijos, la pérdida de relaciones y la ruptura de anhelos y sueños. Sí hay muerte, tal vez no física, pero definitivamente en muchas otras áreas de sus vidas.

Tal vez tú hayas experimentado ese dolor muy de cerca, porque has pasado por una separación o un divorcio. Queremos animarte, porque en medio de la oscuridad siempre hay un rayo de esperanza. Dios sabe que no podemos cumplir nuestras promesas sin su ayuda, y por eso los pactos divinos de matrimonio se hacen con él. En la historia de Génesis 15, una vez que Abram partió a cada animal por la mitad, él esperaba que Dios caminara en el sacrificio junto con él, pero se durmió profundamente. Lo que luego sucede es asombroso: «Cuando el sol se puso y cayó la noche, aparecieron una hornilla humeante y una antorcha encendida, las cuales pasaban entre los animales descuartizados. En aquel día el Señor hizo un pacto con Abram» (Génesis 15:17-18). Abram no caminó el pacto —¡Dios tomó su lugar! Dos fuegos pasaron por el sacrificio y con eso el pacto quedó sellado. Creemos que esos dos fuegos eran Dios el Padre y el Hijo. Eso significa que ¡Jesús tomó el lugar de Abram! Igual que cuando tomó nuestro lugar pagando el precio de nuestros pecados, derramando su propia sangre y enfrentando la muerte que merecemos por no cumplir nuestra parte del pacto. ¿No es hermoso, eso? ¡Cuán grande y misericordioso es nuestro Dios!

La clave para mantener el pacto divino del matrimonio es tener a Cristo en el centro de nuestra vida. Cuando Jesús es el centro, él nos ayuda en nuestra debilidad y podemos confiar de que su sangre limpia nuestro pecado. Como en la historia de Abram y Dios, el sacrificio de Cristo nos da el poder para cumplir nuestra parte, pero tenemos que cederle el control de nuestro matrimonio y hacerlo a su manera. Debemos recibir la bendición de nuestro Padre celestial por medio del sacrificio que Cristo hizo por nosotros y reconocer que Jesús es el Salvador y el Señor de nuestra vida, por medio de confesar con nuestra boca y creer en nuestro corazón que Dios lo levantó de entre los muertos (Romanos 10:9-10). Si no hay salvación personal, un encuentro divino con Dios, no habrá un matrimonio divino. Solo se puede encontrar el camino correcto hacia un matrimonio divino cuando se reconoce que Jesús es el Hijo de Dios, que vino al mundo para liberarnos de la opresión del diablo, que pagó un precio muy alto para salvarnos de nuestro pecado, y que aceptamos su Señorío para vivir según la guía del Espíritu Santo y no según nuestros propios deseos.

Beneficios de un matrimonio divino:

1. Tener un entendimiento profundo del valor del matrimonio.
2. Recibir una visión clara y dirección de cómo construir una familia sana.
3. Ser la representación del reino de Dios en la tierra, y experimentar su cultura: justicia, paz y gozo.

Tener un entendimiento profundo del valor del matrimonio

El concepto «encontré mi *media naranja, mi complemento, mi media luna*» y otros dichos, se oyen románticos, pero realmente no es muy positivo a largo plazo. La razón es porque al decir esto estamos diciendo que nuestra satisfacción y felicidad depende en un 50 % de la otra persona. Y en realidad nosotros somos responsables 100 % de recibir nuestra llenura de Jesús y estar completos en él. Cuando dos personas completas se unen con Cristo, el resultado es la unidad exponencial. En el caso del matrimonio $1 + 1 + 1 = 1^3$. ¡Las matemáticas en el reino de Dios son diferentes! El matrimonio fue creado por Dios para poder vivir una realidad divina aquí en la tierra, reflejando el reino de Dios, amándonos y aceptándonos como somos, aun con nuestros errores. Esto no quiere decir que debemos conformarnos con las malas actitudes y la falta de respeto entre nosotros como matrimonio. Al contrario, significa que podemos ser vulnerables y entender que con la ayuda de nuestra pareja podemos llegar más lejos. Si dejamos que Dios nos enseñe a amarnos, perdonarnos y ayudarnos, entonces descubriremos algo sobrenatural: la presencia del Espíritu Santo entre nosotros. Hay una dimensión más allá de nosotros mismos en el matrimonio, donde dejamos de vivir solo por nuestros propios deseos y felicidad y vivimos más bien para ser como Cristo en la vida de nuestro cónyuge. Si como pareja buscamos a Dios unidos con una actitud consciente y humilde de que no sabemos como construir un matrimonio divino, él se revelará entre nosotros y nos enseñará cosas que jamás hemos visto, pensado o imaginado (1ª de Corintios 2:9-10). Cuando hay un deseo mutuo en el matrimonio de buscar a Dios y que él sea el centro de nuestras vidas todo cambia y algo divino sucede.

Una visión y dirección clara de cómo construir una familia sana

Al iniciar una familia siempre empezamos con ilusiones: *formaremos un hogar feliz, compraremos una casa donde crecerán nuestros hijos y donde tendremos muchos recuerdos hermosos*. Hablamos de dónde viviremos, cuántos hijos tendremos, nos haremos viejitos juntos, viajaremos juntos por el mundo, etc. Todo esto está muy bien, pero si no incluimos a Dios y tenemos un plan claro para alcanzar esas metas, con el tiempo nos iremos desviando de ellas sin alcanzarlas. Cuántas parejas hoy día en lugar de disfrutar de un hogar feliz sufren un infierno en su casa. Cuántas familias se han cambiado de casa tantas veces que muchos de los recuerdos ya se han esfumado al no poder tener un hogar permanente. Cuántos matrimonios hoy están desintegrados y no envejecerán juntos. Cuántos más solo han viajado el mundo por internet, o aún están pagando por el último viaje que hicieron hace varios años con la tarjeta de crédito y ¡hoy lo único que recuerdan del viaje es el pago mensual que tienen que hacer! En otras palabras, la vida no resultó como habían esperado al principio. La razón es porque no había un plan claro y dirigido por Dios y sus principios. Nos embarcamos en un viaje de alta mar llamado «el matrimonio a la deriva».

Para obtener una visión y dirección clara para la familia, debemos de empezar por buscar a Dios como pareja, orar juntos, escribir lo que deseamos y luego someterlo al Señor. Hacerlo como Jesús oró: «Que no se haga mi voluntad sino la tuya» (Lucas 22:42). La voluntad de Dios es que lo conozcamos personalmente a él y que compartamos su amor con otras personas a través de una comunidad. Por eso es importante que nos congreguemos en una iglesia sana, santa y servicial, y evitar las iglesias religiosas legalistas que nos imponen cargas muy pesadas a nosotros y a nuestros hijos. Es de mucho valor estudiar juntos la Palabra de Dios y aplicar lo que ella nos enseña acerca de las relaciones, el dinero, los hijos, el sexo, etc. Es bueno servir juntos como pareja en la iglesia y cuando lleguen los hijos también invitarlos a servir y a extender el reino de Dios juntamente con nosotros, sirviendo al prójimo por medio de la familia, la iglesia y la comunidad. Es importante enfocarnos en las personas y las cosas que trascienden y que tienen un valor eterno. La casa, los viajes, las escuelas, la ropa, el auto, la comida, las vacaciones, etc., llegarán en su tiempo con la dirección de Dios. Su Palabra dice que si buscamos primero el reino de Dios y su justicia, Dios nos añadirá todo lo que necesitemos

(Mateo 6:33). En otras palabras, si vivimos conforme a la voluntad de Dios, ¿por qué preocuparnos? Él tomará cuidado de nosotros. Esto parece algo fácil, pero en verdad es un reto muy grande: doblegar nuestra voluntad y esperar a que el Espíritu Santo nos guíe por esta vida. Para esto tenemos que aprender a escuchar y ver con nuestros sentidos espirituales. Se necesita ser paciente y tener la disciplina para esperar que Dios se mueva. Por eso creo que el matrimonio es para toda la vida, ya que nos llevará toda la vida para aprender y desarrollar esta disciplina.

Te puedo comentar por experiencia que nosotros como matrimonio hemos vivido de las dos maneras. A mi manera y a la manera de Dios. Al principio de nuestro matrimonio, Kris y yo tratábamos de jalar la cuerda cada quien para su lado. Yo la trataba de jalar más fuerte. Quería hacer mi voluntad, alcanzar mis sueños, metas, aspiraciones... todo con una buena intención «pensaba yo», pero al final de todo era hacer mi voluntad. Pensaba que quizás a Dios no le importaban los detalles insignificantes de nuestras vidas. Por muchos años, aun siendo cristianos vivíamos de esa manera, y esto nos produjo problemas profundos entre nosotros y con aquellos a nuestro alrededor. Es que varias de nuestras decisiones que tomamos estaban basadas en el orgullo, las inseguridades, las ambiciones o el temor. Pero estábamos equivocados. Descubrí que Dios es sumamente personal y quiere bendecirnos abundantemente. Entonces, como dice el dicho, «nos dejamos querer» y empezamos a experimentar algo sobrenatural. Ahora Dios está en control de nuestro matrimonio y podemos descansar en él.

Hemos visto la mano de Dios moverse de manera sorprendente en nuestra familia. Desde los pequeños detalles hasta las decisiones importantes. No es que seamos perfectos, sino que estamos dispuestos a poner su voluntad en primer lugar. Nos hemos dado cuenta una y otra vez de que cuando lo hacemos así todo sale mejor. Claro que en ocasiones nos adelantamos y volvemos a patrones de conductas anteriores y tenemos momentos cuando el orgullo, el temor y la inseguridad quieren dar su voto en las decisiones de nuestro matrimonio, pero cada vez es menos su intervención. Y cuando esto sucede, rápidamente regresamos a los pies de Jesús arrepentidos por nuestras acciones y recibimos su amor, su perdón y seguimos adelante. Qué vida tan diferente. En verdad es posible construir una familia sana sobre el fundamento de un matrimonio divino. No es una locura, es una dimensión divina y llena de su poder.

Experimentar la cultura de Dios: justicia, paz y gozo

Una de las cosas más hermosas de un matrimonio divino es recoger el fruto de una relación en pareja con Dios. Dios nos ofrece que si él es el centro de nuestro matrimonio, entonces viviremos su reino aquí en la tierra. Y la oración del Padre Nuestro se convierte en una realidad: «Venga tu reino y hágase tu voluntad aquí en la tierra [aquí en nuestro matrimonio] como en el cielo» (Mateo 6:10). Ya no es más una petición, sino una declaración real en nuestras vidas. ¿Pero qué significa el reino de Dios en nuestro matrimonio? Cada reino tiene una cultura, que son los valores y costumbres que lo caracterizan. Romanos 14:17 nos explica que el reino de Dios y su cultura no se trata de costumbres comunes como la comida y la bebida sino de justicia, paz y gozo en el Espíritu Santo. Esto quiere decir que si un matrimonio tiene gozo es porque hay paz entre ellos y Dios, y hay paz porque las cosas se hacen con justicia. Por ejemplo, si vivimos conforme a los principios de Dios y nos respetamos mutuamente, entonces no habrá injusticias entre nosotros porque el respeto tiene prioridad. Esto traerá paz en el hogar y, por lo cual, tendremos gozo. Habrá alegría y contentamiento.

De lo contrario, cuando somos injustos el uno con el otro y nos volvemos egoístas el respeto se va perdiendo, lo que ocasiona que haya peleas, argumentos, pleitos, ira, etc. Esto hace que la paz se vaya por la ventana y, entonces, en lugar de gozo hay tristeza, desesperación, desanimo, amargura, etc. Como puedes ver en estos dos ejemplos es muy fácil distinguir la diferencia entre un matrimonio que representa el reino de Dios y su cultura y el que no. El punto está en que si queremos someter nuestra voluntad a los principios de Dios. Dios nos dice si te ofenden perdona, si ofendes pide perdón. Este mundo sería tan diferente si hiciéramos esto más seguido. Pero esto nos cuesta trabajo, por nuestro orgullo y los pensamientos pecaminosos. No estamos dispuestos a ceder cuando pensamos que tenemos la razón. El punto no es quien tiene razón, sino quien tiene la humildad necesaria para hablar del tema sin mostrar enojo, amargura y conservar la paz. Tener humildad no significa estar de acuerdo en todo, pero más bien poder tomar en cuenta a la otra persona y escuchar su punto de vista y poner el argumento delante de Dios y pedir su sabiduría para llegar al mejor acuerdo. (Veremos mas de este tema en el capítulo de resolución de conflictos). La unidad en el matrimonio es clave; sin unidad no hay revelación profunda del amor de Dios en nosotros. Para lograr esta unidad hay que mantener siempre la cultura del reino de Dios por encima de nuestras ideas y costumbres. Y para mantener esta cultura de justicia, paz y gozo Kris y yo nos hacemos estas tres preguntas cuando vamos a tomar decisiones:

1. ¿Es lo que queremos implementar o hacer justo y honorable?
2. ¿Mantiene la paz en nuestra familia?
3. ¿Trae gozo en nuestro hogar?

Si la respuesta es sí...adelante con el plan. Cuando no filtramos nuestras decisiones por estas preguntas los resultados no han sido muy favorables.

¿Por qué no tomas un momento y meditas sobre qué tipo de relación realmente tienes con tu pareja? *Unión libre, un matrimonio contractual o un matrimonio divino*. Platiquen y anímense a tomar los pasos hacia un matrimonio divino, bendecido por Dios y bello en su expresión. Empiecen por rendir sus vidas a Jesús como Señor y Salvador, o si ya lo han hecho, asegúrense de que su matrimonio esté bajo el liderazgo de Dios. Si no es así den el primer paso... que es decidir hacerlo y acompáñanos a descubrir más del hermoso diseño de Dios para experimentar un matrimonio divino. ¡Animo! recuerda, ¡mientras hay vida hay esperanza!

CAPÍTULO 2

Los enemigos de la paz

«Hagan todo lo posible por mantenerse unidos en el Espíritu y enlazados mediante la paz».

Efesios 4:3 (NTV)

LA PAZ ES UN REGALO VALIOSO. EL MUNDO ESTÁ LLENO de aflicciones, distracciones y ruido, y no hay nada más bello que llegar a la casa y encontrar paz. La paz nos da la capacidad de refrescarnos y recobrar ánimo para enfrentar el siguiente día. Cuando no hay paz en el hogar, hay consecuencias fuertes en nuestra salud y bienestar. Hoy en día vemos una epidemia en casos de depresión, ansiedad, pánico y suicidio. Se ha soltado un espíritu de temor sobre nuestra sociedad, y la respuesta para combatirlo se encuentra en la paz. Cristo dijo: «Les dejo un regalo: paz en la mente y en el corazón. Y la paz que yo doy es un regalo que el mundo no puede dar. Así que no se angustien ni tengan miedo» (Juan 14:27, NTV).

¿Cuántas veces hemos dicho: «*Lo único que quiero es vivir en paz*»? Fuimos hechos a la imagen y semejanza de Dios, y Dios es paz. No está en nuestra naturaleza vivir en discordia o conflicto. Tal vez parece contraintuitivo, pero hay que pelear por la paz. Hay guerra espiritual en contra de la paz en nuestra familia, y hay una razón por ello. Recordemos que un matrimonio divino debe de ser la representación del reino de Dios aquí en la tierra. Y la Biblia describe el reino de Dios como justicia, paz y gozo (Romanos 14:17). Por lo tanto, nuestro enemigo, el diablo, va a tratar de robar nuestra paz para que no representemos correctamente a Dios. Él sabe que si logra robar nuestra paz, también robará nuestro gozo. El gozo es el resultado de una vida de justicia y paz y es diferente que la felicidad. La motivación de muchas parejas es casarse y vivir felices para siempre. Y no hay nada de malo en ello. Dios quiere que seamos felices. Pero el gozo en el reino de Dios es diferente a la felicidad que ofrece este mundo. La felicidad de este mundo es externa, y la recibimos de lo que podemos ver, oír, oler, comer o tocar (nuestros cinco sentidos), y solo dura por un periodo finito de tiempo. Sin embargo, el gozo del Señor, que es nuestra fortaleza, viene del interior de nuestro ser, de la plenitud del alma, de saber quiénes somos y a quién pertenecemos. Viene de nuestra paz interior. Jesús dice que él es nuestra paz. Él es el Príncipe de Paz. Él nos deja su paz que sobrepasa todo entendimiento. Él no da su paz como el mundo la da. En otras palabras, la paz de Dios no es de este mundo, es sobrenatural (Juan 16:33; Filipenses 4:6-7; Juan 14:27).

Nosotros como pareja debemos de proteger la paz de nuestro matrimonio. Hay que resistir los ataques que vienen en su contra. Todo lo que nos quita la paz no vale la pena perseguir ni prolongar. Hay varios factores que roban nuestra paz, y si podemos identificarlos como enemigos de nuestro hogar, tendremos la motivación de estar vigilantes para proteger nuestro matrimonio.

Los enemigos siniestros de la paz son: el egoísmo, la falta de descanso y exceso de trabajo, la ira, el mal manejo del dinero, conflictos no resueltos, la falta de salud, el uso indebido de los medios sociales y el temor a lo incierto.

Egoísmo

Cuando somos egoístas creamos un ambiente de tensión en nuestro matrimonio, ya que todo gira a nuestro alrededor y no estamos conscientes de las necesidades físicas, emocionales y espirituales de nuestra pareja. Esto hace que la otra persona quede al descubierto y caiga en un estado de inseguridad que roba su paz. Y cuando uno de los dos no tiene paz, entonces ambos sufrimos porque somos uno. Al ser egoístas no nos importa cómo se siente la otra persona o si nuestras acciones están afectando nuestra relación. Somos insensibles y cambiamos el vivir en paz por lo que nos complace. El orgullo es lo contrario de la humildad y el resultado es devastador.

Jesús nos invita en Mateo 11:29 que seamos como él, manso y humilde de corazón. Cuando somos mansos y humildes, pensamos en la otra persona primero, y cuando pensamos en los demás, eso fomenta la paz porque somos conscientes de los sentimientos y de las necesidades de ellos. Te invito a que lo intentes; antes de decidir hacer algo a tu manera, piensa cómo afectaría tal cosa a tu matrimonio.

Coméntalo con tu pareja, toma en cuenta su opinión, oren al respecto y verás cómo se mantienen la unidad y la paz.

La falta de descanso

Este es uno de los factores más comunes que roba nuestra paz y uno de los que pasa más desapercibido. Es parecido a ese elefante blanco en el cuarto que todo el mundo sabe que existe, pero que nadie habla del tema. Cuando no descansamos de nuestras actividades, como el trabajo, el estudio, etc., y no dormimos lo suficiente, encaminamos nuestro matrimonio hacia la frustración. Cuando estamos cansados somos menos tolerantes y más impacientes. Nos irritamos fácilmente y reaccionamos de más por situaciones que no valen la pena alterarnos.

El exceso de trabajo ha robado la paz de muchos matrimonios. Con el deseo de estabilizar nuestras vidas económicamente y proveer para las necesidades y los caprichos, malbaratamos nuestra paz. Algo que Kristen y yo hemos aprendido es que en ocasiones *más no es mejor*. Cuando valoramos nuestra paz, valoramos el descanso, y por eso Dios nos anima a tomar por lo menos un día a la semana para no hacer nada que sea parte de nuestro trabajo o rutina diaria. Dios dice en su Palabra que él descansó el séptimo día después de terminar la creación. ¿Por qué Dios tendría que descansar si después de todo él es Dios? Lo que esto significa es que él descansó no porque estaba cansado, sino porque había terminado.

El trabajo debe tener ciclos donde empezamos y terminamos. Comenzamos una semana y terminamos en cierto día. Descansamos uno o dos días y volvemos a comenzar. Es verdad que el trabajo nunca se acaba. Siempre estará ahí esperándonos, pero si no tomamos un descanso, nuestra paz se puede escapar por medio de la salud o las relaciones rotas. Hemos escuchado muchas historias donde la esposa principalmente se queja de su marido porque nunca está en casa porque está trabajando. Y él contesta: «Pero no te falta nada ¿o sí?». La respuesta es que sí falta algo, la paz. La paz de tener al marido en casa, de tomar una caminata en el parque, de comer juntos, de compartir los buenos momentos de la vida, de tener a papá con los niños para jugar a la pelota, de simplemente *estar*. Recuerda, nos casamos para *estar juntos*, pero sí trabajamos todos los días, entonces perdemos la esencia de la razón del matrimonio.

Haz una pausa y analiza tu vida. ¿Qué tan rápido vas? ¿Vale la pena tanto trabajo para unos ingresos adicionales, a fin de perder nuestra paz? El exceso de trabajo trae estrés que nos lleva a pelear. Y sale ira del corazón por la frustración de no poder romper el ciclo de la falta de descanso. Piensa en esto: cuando alguien está en su lecho de muerte nunca dice: «¿Por qué no gané más dinero? ¿Por qué no pasé más tiempo en el trabajo?». Al contrario, más bien hay pensamientos de: «¿Por qué no pasé más tiempo con mi familia? ¿Por qué no hice tiempo para caminar por el parque junto con mi esposa? Hubiera hecho más tiempo para jugar con mis hijos e ir a sus partidos de pelota, etc.». Estemos conscientes de esto y hagamos tiempo para descansar y tener vida con la familia; si no, podremos arrepentirnos.

La ira

Esta es una de las enemigas más feroces en contra de nuestra paz. Si hay enojo, pleitos, gritería, arrebatos de ira, etc., *¡La paz se va!* La Biblia nos dice palabras sabias: «Mejor comer pan duro donde reina la paz, que vivir en una casa llena de banquetes donde hay peleas» (Proverbios 17:1, NTV). Creo que todos somos culpables de tener ira en algún momento de nuestra vida que afectó nuestro matrimonio. Yo soy culpable de haber permitido muchas veces que mis emociones me ganen y dar cabida a la ira por cosas que no eran tan importantes. Dios nos dice que podemos enojarnos sin pecar (Efesios 4:26). ¿Cómo es eso? Bueno... lo que pasa es que el enojo del que Dios habla no es para que tomemos acciones contra otras personas, sino contra la injusticia que afecta nuestras vidas y la de los demás. Podemos enojarnos con el pecado, estar en desacuerdo con alguien, pero no descargar nuestra ira. Esto prácticamente es imposible sin la ayuda del Espíritu Santo, ya que para controlar la ira necesitamos tener dominio propio. Y el dominio propio es un fruto del Espíritu Santo, no es un acto de buena voluntad (Gálatas 5:22-23).

No debemos permitir que la ira, que es un espíritu, controle nuestras emociones. Como Kristen contó en la introducción de este libro, el mal acecha como león rugiente buscando a quién devorar. La ira es como un león que puede devorar nuestra paz en nuestro matrimonio y con nuestros hijos.

Podemos ser liberados de la ira al rechazar la amargura en nuestros corazones. Dios nos advierte que no dejemos que la amargura eche raíces dentro de nosotros: «Líbrense de toda amargura, furia, enojo, palabras ásperas, calumnias y toda clase de mala conducta. Por el contrario, sean amables unos con otros, sean de buen corazón, y perdónense unos a otros, tal como Dios los ha perdonado a ustedes por medio de Cristo» (Efesios 4:31-32, NTV). Qué consejo más sabio, ¡hagámoslo!

El mal manejo del dinero

Hay un dicho que dice: *Cuando el dinero se acaba el amor se va por la ventana*. Hay otro que dice: *¡Hasta que* *el dinero nos separe!* Suena chistoso, pero sucede. Hemos visto en nuestra propia vida como el mal manejo del dinero roba nuestra paz. La falta de un presupuesto, las deudas, la mala planeación hace que el estrés suba hasta el techo y cause muchos sinsabores: «Pues el amor al dinero es la raíz de toda clase de mal; y algunas personas, en su intenso deseo por el dinero, se han desviado de la fe verdadera y se han causado muchas heridas dolorosas» (1 Timoteo 6:10, NTV). No importa cuánto ganas, lo que realmente importa es cuánto gastas. Si gastamos más de lo que ganamos, estaremos en problemas, y tarde o temprano nos alcanzará la diferencia. Cuando tenemos una mala administración en las finanzas, esto crea inseguridad y desconfianza en nuestra relación. El no saber en dónde estamos parados financieramente y las presiones de las deudas causan muchos conflictos.

Kristen y yo hemos vivido esta situación. Los dos pensábamos muy diferente en cuanto al dinero. Cuando nos casamos creíamos que no era gran cosa pensar diferentes en cuanto a este tema, pero con el paso del tiempo, nos dimos cuenta de que sí era crucial tener paz en esta área, y vimos que pensábamos lo opuesto sobre el dinero. Por ejemplo, Kris decía que el dinero se debía ahorrar, y yo decía que el dinero era para gastarse. Todo esto viene del trasfondo con el cual crecimos. Kris creció en una situación financieramente complicada, donde su papá se fue de la casa cuando ella era una adolescente y su mamá tuvo que trabajar arduamente para sacar a ella y sus hermanos adelante. Vino de un trasfondo de ahorrar y trabajar duro. Yo también vengo de una familia disfuncional, pero mi situación fue diferente porque yo salí de casa muy pequeño a los trece años y desde entonces anhelé tener lo que tanto creí que me faltaba. Y por esa razón muchas veces mi concepto del dinero era: *si lo tienes, gástalo*.

Dios nos ha enseñado mucho sobre este tema, y en el capítulo de «Finanzas sanas», hablaremos más al respecto. Por el momento, te puedo decir que Dios siempre quiere ayudarnos en esta área, ya que puede hacer la gran diferencia entre un matrimonio feliz y saludable o un matrimonio estresado y tóxico.

Conflictos no resueltos

Hablemos de relaciones rotas. Fuimos hechos para tener relaciones profundas con otras personas: con nuestros padres, hijos, hermanos, familiares, amigos, compañeros de trabajo, etc. Dios nos hizo relacionales, porque así es él. Pero cuando estas relaciones se rompen por cualquier razón, dejan heridas profundas en el alma y afectan nuestra relación de pareja. Veamos algunos ejemplos:

Cuando la relación se afecta con los familiares, esto causa muchos conflictos en el matrimonio. Si uno de los dos tiene conflicto con ellos, esto daña a toda la familia. El daño sucede principalmente porque un sentimiento de rechazo entra y hace que no queramos ir a visitar o ser visitados por él, ella o ellos. Nos afecta profundamente como pareja. Hay matrimonios que han tenido problemas con familiares por años y al final nadie gana, sino todos pierden.

Otro caso son los amigos y hermanos en Cristo. Es triste ver y vivir este tipo de conflictos. Las consecuencias son muy costosas y restaurar estas relaciones puede llevar años o quizás nunca se resuelvan: «Cuando se perdona una falta, el amor florece, pero mantenerla presente separa a los amigos íntimos» (Proverbios 17:9, NTV). Dios es muy sabio en esto, pero se nos hace fácil tomar decisiones que pueden afectar a los demás. Si tú quieres tener un matrimonio en paz, restaura las relaciones rotas, tengas o no la culpa de ello. Por amor al Señor y a tu esposo/a hazlo. No dejes que el diablo te robe la bendición de tus relaciones. Hay un dicho que dice: *un hombre rico no es aquel que tiene mucho dinero, sino aquel que tiene muchos amigos y ningún enemigo*. ¡Vivamos en paz con todos!

Algo que aprendí como hombre es que cualquier relación que no esté bien a nuestro alrededor va a afectar a Kristen de una manera profunda. Como hombres podemos ignorar o vivir sin resolver relaciones rotas, pero para una mujer el tener conflictos con otras personas afecta sus vidas profundamente. En general, las mujeres sienten satisfacción en la vida cuando sus relaciones están sanas, y los hombres cuando alcanzan sus logros. No es que ellas sean más débiles y nosotros más fuertes. Por el contrario, lo que pasa es que nosotros podemos ser más insensibles y orgullosos. Te puedo asegurar por experiencia propia que cuando tomas la iniciativa de restaurar relaciones con tus familiares y amigos, tu pareja te lo va a agradecer y tu matrimonio será más feliz.

La falta de salud

Cuando falta la salud en el matrimonio, se complican muchas áreas de nuestra relación; como las actividades del día a día, las finanzas, la intimidad, etc. Surgen sentimientos de desesperación, frustración, enojo, tristeza, falta de esperanza, egoísmo, rechazo, etc.

La enfermedad es algo que a todos nos puede afectar. Es importante estar convencidos de que el corazón de Dios no es que estemos enfermos; sin embargo, vivimos en un mundo caído donde parte del resultado del pecado original ha sido la enfermedad. Dios nos ha dado la oportunidad de poder hacer frente a la enfermedad. Él nos dice que por sus llagas hemos sido sanados y ya somos libres de toda opresión y aflicción. Pero en el proceso de entender y vivir esta verdad debemos mantener nuestra paz. Jesús dijo: «Les he dicho todo lo anterior para que en mí tengan paz. Aquí en el mundo tendrán muchas pruebas y tristezas; pero anímense, porque yo he vencido al mundo» (Juan 16:33, NTV).

Cuando no tenemos esta paz que solo él puede dar, una paz que sobrepasa todo entendimiento, podemos sufrir la opresión y aflicciones que se pueden reflejar en una enfermedad. Es muy difícil caminar esta vida cuando tu pareja está sufriendo una aflicción en su cuerpo. Pero tu amor y tu paz pueden ayudar a sanar su dolor. No hay nada más importante en el matrimonio que saber que contamos el uno con el otro:

> «Es mejor ser dos que uno, porque ambos pueden ayudarse mutuamente a lograr el éxito. Si uno cae, el otro puede darle la mano y ayudarle; pero el que cae y está solo, ese sí que está en problemas. Del mismo modo, si dos personas se recuestan juntas, pueden brindarse calor mutuamente; pero ¿cómo hace uno solo para entrar en calor? Alguien que está solo puede ser atacado y vencido, pero si son dos, se ponen de espalda con espalda y vencen; mejor todavía si son tres, porque una cuerda triple no se corta fácilmente» (Eclesiastés 4:9-12, NTV).

Esta parte de la Palabra de Dios es muy conocida, y la hemos escuchado en muchas bodas, pero quizás no entendemos el poder que expresa. Lo que quiere decir es que él nos ha dado la oportunidad y capacidad de ayudarnos el uno al otro y aun más si invitamos a Dios a que sea el centro de nuestro matrimonio, ya que su Espíritu Santo es la tercera persona en la cuerda. Y si él está con nosotros,

¿quién está en contra de nosotros? Hemos visto y vivido estas situaciones personalmente y podemos expresar que esta verdad es real, porque con él todo es posible. Si estás pasando por un tiempo de aflicción física, tú o tu pareja pueden orar a Dios y él les dará su fortaleza, su paz y la revelación de su verdad, que es la Palabra para así salir victoriosos de esta situación. (Recomiendo ampliamente el libro *Llaves del Reino*, escrito por Kristen, que es una guía de oración dirigida específicamente para experimentar victoria con retos de salud, finanzas y ansiedad. Encuéntralo en www.exitoenlafamilia.com).

El uso indebido de los medios sociales

La tecnología puede ser una bendición o una maldición, todo depende de cómo la manejamos. Igual que el dinero, debe ser una herramienta para facilitar nuestra vida y no controlarla. Cuando menos esperamos, lo que empezó como una actividad recreativa se puede convertir en una adicción o un problema serio de falta de dominio propio. Lo más peligroso de ese tipo de adiciones es que no se siente como una. No es como el alcohol o las drogas que tienen señales muy notorias. El excesivo o mal uso del internet y los medios sociales es más sutil. Lo puedes disfrazar como trabajo o simplemente como distracción y entretenimiento. Pero son demasiado adictivos si no ponemos límites. Si tu quieres que tu pareja e hijos no estén viendo una pantalla todo el tiempo, entonces empieza por ti. Por ejemplo, si están comiendo, no permitas el teléfono móvil o la tableta en la mesa. Establece horarios específicos para usar los medios sociales. Mantén la comunicación abierta, no tengas contraseñas en tu teléfono, y si las tienes es necesario que tu esposa/o e hijos se las sepan. De esta manera te mantienes dando cuentas de tu conducta en los medios sociales. Es importante recordar que lo que haces no solamente te afecta a ti, porque con el tiempo se verá el fruto.

Cuando nos casamos nos convertimos en uno, interconectados en cuerpo, alma y espíritu. Esto quiere decir que lo que yo veo, leo y escucho afecta de alguna manera positiva o negativamente a nuestra pareja. Uno de los beneficios más importantes que brinda el matrimonio es la seguridad, ya que es un lugar exclusivo para tres personas. Un lugar para tres personas suena algo extraño, pero estamos hablando del matrimonio divino donde Dios es el centro, y por esta razón son tres personas: tú, tu esposa/o y Dios. Cuando no somos cuidadosos con lo que vemos, leemos y escuchamos, es como si dejáramos que otras personas invadieran nuestro lugar íntimo. Tiempo atrás se hablaba de que tuviéramos cuidado con la televisión, ya que podría influenciar tu casa negativamente y afectar tu relación matrimonial y la de los hijos. Hoy en día es mucho más agresiva la influencia por medio de los medios sociales. El mundo literalmente está en nuestras manos, y la tentación es muy grande, no solamente para los niños, sino también para los adultos. Es increíble poder acceder a tanta información donde la solución a muchos problemas y preguntas están ahí en la mano.

Claro que es una gran bendición la tecnología, pero sin dominio propio puede destruir el matrimonio y la familia. Por ejemplo, hay demasiadas historias de infidelidad por medio del Facebook u otros medios similares. No es que Facebook tenga la culpa, pero simplemente fue el medio. Nosotros recomendamos que tengas un Facebook o cualquier otro medio social como pareja, no individual, para que los dos tengan acceso a todo lo que están viendo y diciendo. Nuestro enemigo es muy astuto y puede usar estos medios para atacar cuando menos lo esperamos. Por ejemplo: tuviste un conflicto con tu pareja, están enojados y separados emocionalmente, él o ella agarra su teléfono y se mete a los medios sociales para olvidar la situación, entra a su Facebook y de repente sale un... *Hola, ¿cómo estás?* Es el novio o novia de la secundaria, en ese momento las emociones se alteran, y al empezar a entablar una conversación sin malas intenciones, deja que entre a la sala del corazón. Esa relación puede seguir por horas, días, meses, etc., hasta que se presenta la oportunidad de reencontrarse con alguien que te hizo sentir bien en el pasado y puede ayudarte ahora a salir de la rutina de conflictos que hay en el matrimonio. Y el resto es historia. ¿Cómo sucedió? Pensamos que abrir la puerta de los medios sociales es inofensivo. Pero es como si de repente el novio/a de la secundaria tocara a tu puerta de tu casa y tú le abrieras y lo invitaras a pasar donde vives con tu cónyuge, y después de un tiempo de platicar y reconectarte con él o ella, lo sigues invitando a que venga a visitarte cuantas veces quiera, en la mañana, tarde o noche, aunque tu pareja no esté en casa. ¡Esta es una fórmula para el desastre!

Tenemos que cuidar nuestro matrimonio de todo intento de asalto. Así como puede ser una persona ajena la que invitas a tu intimidad por los medios sociales, también puede ser la pornografía, los juegos electrónicos, los videos chistosos, la información excesiva que te tiene pegado/a a tu teléfono porque quieres saber todo lo que está pasando o cómo funciona esto o aquello. Te preguntan algo y luego, luego vamos a buscarlo en *Google*. Pasamos más tiempo con nuestro teléfono o tableta que con cualquier otra persona o artículo personal. Si este es tu caso, haz un alto total, toma un tiempo para desintoxicarte, y haz un ayuno de los medios sociales. Cierra tu Facebook, Instagram, Twitter, etc., por un tiempo. Cierra la puerta. Invita a tu cónyuge a que te ayude hacer cambios drásticos en esta área, y verán que tendrán más tiempo para conectarse entre ustedes. Creo que hoy en día entre más «Me gusta o Like» de amigos que tengas en los medios sociales, más soledad hay en el alma, ya que la mayoría de esos «amigos» son ilusiones de pertenecer a alguien o algo. No estamos en contra de los medios sociales; está bien que los usemos, pero no debemos dejar que ellos nos controlen.

El temor a lo incierto

El temor nos acecha constantemente. Si damos entrada al temor, entonces caeremos en el *¿Qué pasará si esto o aquello sucede?* y nuestra mente empieza a ir en un espiral descendiente que no tiene fin. El vivir en temor puede paralizar los planes que tenemos como persona o matrimonio. El diablo quiere paralizarnos con el temor.

El temor es preocuparnos por algo que no ha sucedido y no sabemos si irá a suceder. Cuando enfrentamos solos al temor, seguramente seremos vencidos, pero cuando lo enfrentamos con el Espíritu de Dios con toda certeza ganaremos. «Pues Dios no nos ha dado un espíritu de temor y timidez sino de poder, amor y autodisciplina» (2 Timoteo 1:7, NTV).

Esta es la clave para vencer el temor: tener la disciplina para mantener nuestra mente enfocada en el amor de Dios. «En el amor no hay temor, sino que el amor perfecto echa fuera el temor» (1ª de Juan 4:17-18). ¡Cuando experimentamos temor lo importante no es tener más valor sino más amor! Dios ha prometido no dejarnos ni abandonarnos en ninguna situación (Romanos 8:31-39). Es importante compartir con nuestra pareja nuestros temores y hablar al respecto y ver qué dice Dios en su Palabra. Recomiendo orar juntos. No es fácil porque nos sentimos vulnerables, pero es vital hacerlo. Tener estas disciplinas te llevarán a poder vencer cualquier temor. Recuerda que la Biblia dice que es mejor ser dos que uno; y una cuerda triple no se corta fácilmente (Eclesiastés 4:9-12). Es posible vencer los enemigos en contra de nuestra relación, si somos intencionales y ponemos el esfuerzo que requiere para mantener la paz.

CAPÍTULO 3

Nuestras diferencias son nuestras fortalezas

«Es mejor ser dos que uno, porque ambos pueden ayudarse mutuamente a lograr el éxito».

Eclesiastés 4:9 (ntv)

CUANDO LUIS Y YO NOS CONOCIMOS PENSÁBAMOS que éramos igualitos. Ahorita me da mucha risa pensar en eso, porque la verdad es que somos muy diferentes. Obviamente, tenemos cosas en común, pensamos igual acerca de las cosas más importantes, y eso es lo que nos atrajo. Pero nuestra manera de navegar la vida es completamente diferente. Lidiar con esas diferencias del diario vivir ha sido un gran reto para nosotros. No solo en las cosas cotidianas y sin tanta importancia como discutir sobre la temperatura del termostato en la casa y quien tardaba más en el baño, sino también en las cosas importantes como el manejo del dinero, el sexo y el orden en la casa. Honestamente, había un tiempo cuando yo pensé que nuestras diferencias iban a lograr separarnos para siempre. Pero gracias a Dios en nuestro peor momento cuando la tentación de agarrar mis *chivas* (cosas) y marcharme era una lucha fuerte, tuve un momento de claridad, una epifanía. En medio de un desesperado reclamo a Dios: «¿Por qué nos hiciste tan diferentes, por qué Luis no puede ver las cosas como yo las veo?» (¡como si fuera yo el modelo ideal y era la culpa de Dios por no crearlo a mi imagen perfecta!), sentí que Dios abrió mis ojos y vi algo que por mi egoísmo y dolor no lo había visto antes: nuestras diferencias son nuestras fortalezas. Entendí que ser diferentes es algo positivo y es una bendición. No es algo negativo que en un buen momento lo tolere y en un mal momento lo resienta. Ser diferentes provee una oportunidad de crecer. Y sabemos por las leyes de la naturaleza, en el momento que dejamos de crecer, empezamos a morir. Todo lo sano crece. Me di cuenta de que la clave estaba en mi actitud y la perspectiva que yo escogía tener. Y digo escogía con mucha intención. Nuestra actitud es nuestra responsabilidad. No podemos culpar a Dios, ni al enemigo ni a nuestra pareja.

Hay estadísticas acerca del divorcio que dicen que la mayoría de las separaciones no suceden por situaciones extremas (infidelidad, vicios, abuso, etc.). Pero mas bien, por falta de compromiso e incapacidad de resolver diferencias.[1]

La manera en que navegamos nuestras diferencias es clave para el éxito de nuestro matrimonio. Cuando nos

1. http://www.divorce.usu.edu/files-ou/Lesson3.pdf

casamos tenemos que enfrentar tres tipos de diferencias importantes: (1) las diferencias de las necesidades básicas entre los hombres y las mujeres; (2) las diferencias de la cultura familiar; (3) y las diferencias particulares de nuestras personalidades. Han hecho estudios y encuestas acerca de las necesidades básicas de los sexos opuestos, y los resultados hablan más fuerte que cualquier argumento para la igualdad de género. Nadie puede argumentar con certeza que no hay diferencia entre mujeres y hombres: ¡no somos iguales! Tenemos el mismo valor como seres humanos, pero Dios nos creó muy diferentes con un propósito. Hay diferentes maneras de agrupar los resultados, pero me gusta como lo resume Jimmy Evans en su libro *Matrimonio sobre la Roca*. Las necesidades van en orden de importancia. Para el hombre son el honor (respeto), el sexo, el compañerismo, y el apoyo doméstico. Para la mujer son la seguridad, el afecto no sexual, la comunicación, y el liderazgo en el hogar.

Esto no significa que una mujer no necesita honor y sexo, ni que el hombre no necesite la seguridad y el afecto no sexual. Simplemente, se ponen en orden de prioridades y nos ayuda mucho evaluar si estamos amando a nuestro cónyuge en una manera que le hace sentir amado y pleno. Muchas veces sentimos que estamos siendo atentos y amorosos, pero solo lo estamos haciendo según el criterio de lo que nos hace sentir bien a nosotros. Podemos mal gastar mucha energía y dedicación y no ver el resultado que esperamos (agradecimiento y satisfacción) porque nuestra pareja no lo percibe de la misma manera.

Otra diferencia importante es la cultura familiar. Cada familia tiene una cultura: la manera en que nos hablamos (calladitos o gritones); la manera que mostramos afecto (de pocos o muchos abrazos); la manera que celebramos (con pocas o muchas tradiciones), la manera que comemos (guisados regionales o más internacionales); y la lista continúa. La cultura familiar nos afecta más de lo que podemos imaginar. Nos acostumbramos a una cierta manera de hacer las cosas, normalmente la manera de nuestra mamá o papá, y llegamos al matrimonio con expectativas moldeadas por esas costumbres. A mi esposo le gusta contar una anécdota que nos pasó cuando recién nos habíamos casado. Yo había decidido sorprender a Luis con un guisado tradicional mexicano. Le pedí a su mamá una receta que le gustaba mucho, los chilaquiles rojos. Llegó a la casa a mediodía para comer y anuncié con mucho orgullo que le había hecho chilaquiles. (Para empezar, nadie me dijo que los chilaquiles son para desayunar, pero bueno...). Luis se acercó a la estufa que estaba completamente limpia y preguntó dónde estaban. «¡Aquí están!», respondí con emoción y una gran sonrisa mientras que sacaba una cacerola del horno. ¡Pude ver su expresión de confusión y luego desilusión cuando probaba mi nueva creación de chilaquiles al vapor! En mi familia casi no usábamos aceite para cocinar, porque la comida saludable era muy importante para nosotros. Cuando su mamá me pasó la receta, yo pensé que podía mejorarla, quitando la grasa y horneándolos como era la costumbre en mi casa. Como pueden imaginar, ¡mi bello *soufflé* de chilaquiles no fue de mucho agrado para mi querido esposo! Tenemos tantas historias de diferencias de cultura familiar que ahora nos da risa, pero pueden llegar a ser puntos de mucho conflicto. Conocemos a una pareja que se divorciaron, y la razón principal era por su diferencia de puntualidad. El no soportaba el hecho que llegaban tarde a todos lados porque ella no estaba lista para salir. Ella creció en una familia relajada donde no había problema en llegar tarde, y por eso ella no se apuraba, pero él creció en una familia militar donde llegar unos minutos tarde era una vergüenza social. Qué tristeza, pero las separaciones por este tipo de diferencias son más comunes de lo que imaginamos.

El tercer tipo de diferencia que mencioné son las diferencias de personalidad. Diferencias que en el principio servían como el imán del dicho: «los opuestos atraen». Y lo que antes se nos hizo interesante, lindo, admirable y atractivo ahora es algo ofensivo, nefasto, vergonzoso e intolerable. En muchos casos la otra persona no ha cambiado. Lo que cambió fue nuestra actitud y la perspectiva. El hombre callado sigue callado, pero su mujer ahora le reclama por no abrirse más, ¡cuando ella lo escogió así! Cuando estaban de novios ella admiraba su capacidad de escucharla pacientemente sin interrumpirla, y ahora le reclama porque no habla. También, está el hombre a quien le encantaba el espíritu aventurero e independiente de su novia, pero ahora resiente el hecho de que ella nunca quiere estar en casa. En mi caso, se me hizo lindo como Luis organizaba su clóset por colores y tenía un par de zapatos que combinaba con cada cambio de ropa. Yo, por mi parte, compraba una blusa en la tienda de segundas y luego no la encontraba ¡porque estaba metida en el cajón de pijamas! De novios se nos hizo chistoso esa diferencia de personalidades, pero en el momento de casarnos y vivir juntos casi acabó con nuestro matrimonio.

Para llegar a donde estamos ahora veintisiete años después y todavía estar juntos y felices, tuvimos que cambiar nuestra perspectiva y actitud, recordando siempre que:

1. Ser diferentes nos ayuda a crecer como personas
2. Ser diferentes nos permite reflejar la imagen de Dios
3. Ser diferentes nos ayuda a sanar nuestras heridas

Ser diferentes nos ayuda a crecer como personas

Admito que soy una persona que me cuesta trabajo organizarme. Me gustan los ambientes relajados y divertidos. Cuando los niños eran pequeños yo les dejaba jugar libremente sin recoger sus juguetes hasta el final del día cuando ya habían terminado de crear sus mundos de fantasía infantil. El desorden en el momento no me molestaba, porque lo consideraba una señal de creatividad y vida. Sin embargo, Luis llegaba y quería orden total, que nada estuviera fuera de su lugar y se molestaba bastante si no era así. (¡Mi marido ha cambiado mucho desde esos días! El deseo de orden sigue en él, pero su actitud ahora es diferente, y la mía también). Había días cuando los niños y yo lográbamos recoger todo a tiempo, pero otros días que no, y los pleitos que generaban esos momentos eran fuertes y dañinos para toda la familia. Yo sentía que el nivel de perfección que Luis exigía era muy alto y nada de lo que yo hacía era suficiente. Y él se sentía frustrado y no amado cuando yo no tomaba el tiempo de pensar en sus deseos. Esto lo reconocemos ahora. Pero tardamos años en poder descifrar esas emociones de «siento que nunca te puedo agradar...» y «no me siento respetado cuando...». En aquel entonces solamente nos sentíamos lastimados y enojados. Llegué al punto de sentir temor y ansiedad en la hora que mi esposo llegaba a casa. Y con el tiempo mi corazón comenzó a llenarse de amargura. Pero las cosas empezaron a cambiar cuando yo entendí que esa área que yo sentía como una maldición sobre mi vida era, en realidad, una bendición. Yo necesitaba tener más orden en mi vida. Esa parte de la personalidad de Luis, en esencia, era buena, pero por sus propias experiencias de dolor estaba fuera de control. El enemigo se había metido a través de ese dolor y tomó control de esa emoción. Entendimos después que Luis necesitaba liberación para poder controlarse, y yo necesitaba un cambio de actitud y perspectiva para yo también ser libre.

Me ayudó mucho reflexionar sobre el hecho de que cada personalidad tiene sus fortalezas y sus debilidades. No existe un ser humano perfecto. (Y todos los casados dicen: «¡Amen!»). En serio, no hay nadie con solo cualidades positivas. Recuerdo hace años que Luis y yo tomamos una prueba de personalidades. En ese modelo había cuatro tipos de personalidad, y cada tipo tiene su lista de cualidades positivas y cualidades negativas según la personalidad. Por ejemplo, las personas con mi personalidad les gusta divertirse, reírse, son creativas, relajadas y disfrutan estar con otras personas. Suena bien, ¿verdad? Pero del otro lado de la moneda tendemos a ser desorganizadas, indecisas, ansiosas y perezosas. ¡Ya no suena tan bonito! Entender que cada personalidad tiene debilidades inherentes no es una excusa para decir: «Pues... ya ves, soy así, ni modo, no puedo cambiar». ¡Claro que podemos cambiar! De eso se trata la vida en Dios. Él nos hace una nueva creación. Inicia un proceso de santificación día a día, para ser cada vez más como él. En mi caso, reconocí que Dios quería usar a Luis para ayudarme a superar mis debilidades, porque él no tiene las mismas. Tenía que humillarme y reconocer que yo necesitaba ser más ordenada. Como mencioné antes, la manera en que Luis se expresaba con frustración y enojo no era de Dios. Pero su habilidad de ordenar las cosas, sí lo era. Y pasaba viceversa también. Dios quiere usar mis fortalezas para ayudar a mi esposo superar las áreas de su debilidad. Yo tenía que enfrentar la verdad de que yo había escogido a mi marido tal como era. Admiro su liderazgo, su iniciativa, su espíritu emprendedor, su valor y la lista sigue. Pues, ese gran paquete viene también con debilidades. Y si quiero disfrutar de sus fortalezas, tengo que estar dispuesta a vivir también con esas debilidades. Si no aceptamos esa verdad, nos estamos autoengañando. No quiero ser una aguafiestas, pero no existe tu alma gemela, ni tu media naranja. Y si existiera, ¡no te conviene estar con él o ella! ¿De qué te sirve estar con alguien igual que tú? La idea es ser complemento, o más bien suplemento para engrandecer la imagen de Dios en la tierra, no limitarlo a tu imagen.

Ser diferentes nos permite reflejar la imagen de Dios

Dios es amoroso, poderoso, fuerte, justo, compasivo... y la lista sigue. La Biblia dice que fuimos hechos a su imagen. Cada ser humano refleja algo de la naturaleza de Dios. Juntos engrandecemos esa imagen; ¡ser igual sería reducir el impacto de la imagen de Dios que el mundo ve! Y claro que no todo lo que somos refleja la imagen de Dios. Él deposita en cada persona sus dones y cualidades, pero también el enemigo de Dios está trabajando para corromper esa imagen. La última cosa que el diablo quiere es que el mundo vea el amor de Dios reflejado claramente en un matrimonio divino. Cuando el egoísmo entra en la escena, las cualidades positivas, como el orden en mi esposo o la creatividad en mi caso, se pueden convertir en algo negativo, porque los hacemos un ídolo y le damos más importancia a ese atributo o necesidad en nosotros que a Dios o a las personas que amamos. «Yo necesito...». «No puedo vivir sin...». «Me siento vacío cuando no puedo...». «No entiendes quien soy...». «Siento que ya no tenemos nada en común...». Las emociones son reales, pero eso no significa que son correctas. Dos personas muy diferentes pueden vivir felices juntas cuando aprecian y valoran sus diferencias en lugar de exigir que las cosas se hagan a su manera. El orgullo y el egoísmo son los verdaderos enemigos de la felicidad en el matrimonio, no las diferencias. La justificación legal que le dan a un divorcio es: «diferencias irreconciliables», cuando debería decir «egoísmo irreconciliable». Cuando uno está dispuesto a cambiar su perspectiva y amar como Dios ama, las diferencias ya no son un problema. Más bien, son una bendición. Cuando no estamos aferrados a nuestra manera de hacer las cosas, nos permite participar en el amor ágape de Dios. Cada matrimonio cristiano tiene la misión de representar el reino de Dios sobre la tierra. Hay que entender que hay una batalla espiritual alrededor de esa representación. Satanás no ha cambiado su estrategia. Desde el principio en el jardín de Edén su meta era distorsionar la imagen de Dios. Su mensaje a Eva fue: «Ya ves, Dios no es tan bueno. Hay algo que necesitas que no quiere darte». Y cada vez que hay una separación en un matrimonio, el enemigo sigue gritando al mundo: «Ya ves, Dios no es tan bueno. Su amor no es suficiente. Hay algo más que necesitas para ser feliz, pero él no quiere dártelo, mejor búscalo en otro lado».

En Efesios 5 leemos: «Por eso dejará el hombre a su padre y a su madre, y se unirá a su esposa, y los dos llegarán a ser un solo cuerpo. Esto es un misterio profundo; yo me refiero a Cristo y a la iglesia» (Efesios 5:31-32). El plan de Dios es que el matrimonio sea la representación del amor entre Cristo y su iglesia. Y el plan del enemigo es de sabotear esa representación para que el mundo diga: «Son seguidores de Jesús, pero mira cómo se lastiman los unos a los otros. Ciertamente, Dios no es tan bueno». Muchos hijos que crecen en hogares cristianos de conflictos y contiendas llegan a la juventud y rechazan su fe porque durante toda su vida escucharon acerca del amor de Dios, pero no vieron ese amor en la relación entre sus padres. La Biblia dice que el amor de

Dios es el amor ágape, que es una palabra griega que implica «fidelidad, compromiso y un acto de la voluntad». Para abrazar las diferencias de nuestra pareja y poder celebrarlas, necesitamos el amor ágape. Es el amor que no tenemos humanamente, y es el mismo de 1ª de Corintios 13:4-7:

> «El amor es paciente, es bondadoso. El amor no es envidioso ni jactancioso ni orgulloso. No se comporta con rudeza, no es egoísta, no se enoja fácilmente, no guarda rencor. El amor no se deleita en la maldad, sino que se regocija con la verdad. Todo lo disculpa, todo lo cree, todo lo espera, todo lo soporta».

Ser diferentes nos da la oportunidad de humillarnos y expresar un amor divino sin condiciones. Cuando celebramos nuestras diferencias, estamos celebrando la imagen de nuestro gran Dios sellada en la vida de nuestra pareja. Y cuando criticamos, burlamos, manipulamos y controlamos a nuestro cónyuge, distorsionamos esa imagen y actuamos como peones en las manos del enemigo. Es tan importante liberar a nuestro esposo(a) para que llegue a ser quien Dios lo creó para que su gloria resplandezca en su vida, no solo para su propio bien, sino también para reflejar la imagen de nuestro hermoso Dios a un mundo tan necesitado de su amor.

Ser diferentes nos ayuda a sanar nuestras heridas

Quiero enfatizar que en todo este capítulo estoy hablando de diferencias en personalidad y temperamento y de la importancia de sentirnos aceptados(as) y afirmados(as) por quienes somos. No estoy hablando de afirmar cada cosa que hacemos, en especial el comportamiento pecaminoso. La meta es amarnos los unos a los otros como Cristo nos amó. Cristo nos ama tal como somos, pero obviamente no ama todo lo que hacemos, ni afirma todo lo que hacemos. Apreciar las diferencias no es decir: «Me encanta el hecho de que mi esposo es gritón y mal hablado» o «Como aprecio cuando mi mujer me critica y es chismosa». No, esas son áreas de pecado y debilidad donde cada quien es responsable delante de Dios de encontrar libertad. Pero, muchas veces las puertas de nuestro corazón están abiertas a la actividad demoníaca por experiencias dolorosas en nuestra vida. El dolor es una de las avenidas que el enemigo usa para acceder a nuestro corazón.

Cuando pasamos por experiencias dolorosas, hay una gran tentación de aislarnos a lamentar y dejar a rienda suelta nuestras emociones. ¿Has visto un perrito lastimado? Siempre se esconde y empieza a lamer sus heridas. Así nos vemos muchas veces en el espíritu, escondidos en un rincón, lamiendo las heridas, dándole vuelta en nuestra mente una y otra vez a la situación dolorosa que hemos vivido. En ese momento somos presa fácil para el enemigo. Por eso es importante mantenernos conectados aun cuando la tentación es hacer lo opuesto. Otro ejemplo de la naturaleza es como los leones asechan a su presa. Observan cuidadosamente, pacientemente a la manada de gacelas, esperando que una se quede atrás. No tiene el poder de atacar a toda la manada. Espera el momento cuando una se aparta. La idea del matrimonio es ser una manada. Como dice el dicho conocido: «¡"Nosotros" suena a manada!». Lo mismo es verdad para la familia y la iglesia (¡pero eso ya es otro libro!). La idea es tener un lugar de protección donde si te lastimas hay protección mientras que sanas. Pero en la mayoría de los casos el hogar es donde más dolor hay. El matrimonio se convierte en una zona de guerra en vez de un lugar seguro para recuperarse de la batalla allá afuera. Recuerda lo que dice en Eclesiastés:

> Alguien que está solo puede ser atacado y vencido, pero si son dos, se ponen de espalda con espalda y vencen; mejor todavía si son tres, porque una cuerda triple no se corta fácilmente» Eclesiastés 4:12 (NTV).

La clave para ser personas que Dios usa para sanarse mutuamente y para vencer al enemigo juntos está en el versículo 12: «mejor todavía son tres». Si tu matrimonio no es un lugar de sanidad, tienes que invitar al Espíritu Santo para que te enseñe cómo cambiarlo. Hay heridas muy profundas que solo Dios puede sanar, pero aun así nos invita al proceso para hacer que nuestros abrazos cariñosos y palabras consoladoras ministren a esas áreas dolidas del corazón de nuestro cónyuge. Ser diferentes nos da la habilidad de poder ser fuertes cuando nuestra pareja es débil. Gracias a Dios que no cojeamos de la misma manera: «Si uno cae, el otro puede darle la mano y ayudarle...» (Eclesiastés 4:10, NTV). Podemos traer claridad y una perspectiva nueva a los dolores de cada quien. Yo recuerdo cuando Luis y yo estábamos recién casados. Yo estaba batallando con relaciones en mi familia. Los dos venimos de familias quebrantadas por el divorcio de nuestros padres. Todavía me encontraba luchando para navegar la relación complicada que tenía con mi papá y su nueva esposa. Aún sufría el dolor de su rechazo y abandono. Cuanto más trataba de ver claramente la situación, no podía por el dolor que había en mí. Gracias a Dios que Luis veía las cosas diferentes que yo. Él podía ver mi situación más clara y darme buen consejo en cómo sanar esa relación rota. Y, es más, me di cuenta de que el mismo rechazo que sentía de parte de mi papá, antes de conocer a Luis, me hacía sentir atraída a los muchachos que no eran afectuosos, expresivos ni atentos. Cuando conocí a Luis me costó trabajo recibir su afecto, porque yo no era así. Pero esa diferencia es lo que Dios usó para sanar mi corazón de la herida del padre que me abandonó. (Que por cierto, la relación entre mi papá y yo está completamente restaurada, ¡gloria a Dios!). He podido perdonar y encontrar libertad, la cual me permite estirar mis brazos y ofrecer gracia a mi padre que también tiene sus propias heridas.

La idea de sanarnos mutuamente suena muy bien, y tal vez lo entendemos en nuestra mente (teóricamente), pero en algún momento tiene que ser entendida por nuestro corazón, es decir, por nuestras emociones. Dios nos dio las emociones para bendecir nuestra vida, para vivir plenamente. Pero muchas veces las emociones nos traicionan haciéndonos sentir tristes cuando nada nos sucede, rechazados sin ninguna razón y frustrados con nuestra pareja cuando en realidad sabemos que no es para tanto. Cuando nuestras emociones gritan más fuerte que nuestra razón, debemos preguntarle al Espíritu Santo si hay una fuerza espiritual operando en nuestra contra. Como cristianos debemos tener dominio propio, que es un fruto del Espíritu Santo que Dios nos ha dado. Si no lo tienes, ¡hay que encontrar dónde lo dejaste! O más bien, hay que encontrar a quien lo entregaste. Mi esposo tiene un dicho muy cierto: «Si tú pierdes el control, alguien más lo va a tomar». Y créeme que ese alguien no tiene tu bien en mente. Es un ladrón que solamente viene a robar, matar y destruir (Juan 10:10). ¿Recuerdas que en el principio de este capítulo mencioné que Luis tuvo que ser liberado para poder cambiar? La palabra *liberación* nos puede asustar y traernos imágenes perturbadoras de películas famosas de exorcismo. Sin embargo, la verdadera liberación puede ser algo sencillo y común en la vida de un cristiano. Yo lo veo como lavarse los pies como lo mencionó Jesús en Juan 13:10. Es inevitable ensuciarnos los pies mientras que caminemos por este mundo. Pero es importante que nos lavemos con la Palabra de Dios para limpiarnos de cualquier espíritu inmundo que quiera ganar acceso a nuestra vida. Así como los discípulos recibieron el mandato del Señor a lavarse los pies unos a otros, hay momentos cuando necesitamos ese apoyo para experimentar la libertad. En el caso de mi esposo, los pastores de nuestra iglesia nos apoyaron en oración, tomando autoridad sobre los espíritus de rechazo e ira que lo tenían cautivo. Fue por causa de esa atadura espiritual que Luis tenía tanto afán de tener un orden obsesivo de las cosas a su alrededor. Su mundo interior estaba en desorden y buscaba la paz intentando ordenar su mundo exterior. Encontró libertad esa noche y desde ese momento ha tenido la capacidad de controlarse a sí mismo. Todavía tiene que enfrentar la tentación de caer de nuevo en esa área, pero ya es libre para escoger andar en el Espíritu en lugar de la carne.

En Cristo todos estamos llamados a liberar a los cautivos y sanar a los heridos.

> «El Espíritu del Señor omnipotente está sobre mí, por cuanto me ha ungido para anunciar buenas nuevas a los pobres. Me ha enviado a sanar los corazones heridos, a proclamar liberación a los cautivos y libertad a los prisioneros». (Isaías 61:1, 2)

Este pasaje de la Biblia está hablando del ministerio de Jesús, pero también sabemos que él nos llamó a hacer lo mismo que él cuando caminaba sobre la tierra. Y qué mejor lugar que hacer este precioso ministerio de sanidad que en tu casa, empezando con tu matrimonio. El mundo es difícil, y si pudiéramos ver con rayos X espirituales cuando llegamos al altar, en lugar de ver una glamorosa novia y formidable novio parados en frente del oficiante, veríamos a dos personas lastimadas y vendadas, tal vez en silla de ruedas o con muletas. Necesitamos entender que Dios nos dio la oportunidad de ser sus manos y sanar a nuestra pareja. En lugar de ver esas áreas de debilidad en él o ella como algo intencional que hace para molestarte, considéralas como algo quebrantado en su vida y una oportunidad donde tú puedes ser parte de su sanidad. La perspectiva y la actitud que escojas tener hará toda la diferencia.

Es emocionante pensar que Dios nos ha dado el gran regalo del libre albedrío. Y con eso viene la capacidad de escoger. Podemos escoger amar a Dios y a los demás. Podemos escoger cambiar y no seguir en los mismos patrones dañinos. Podemos escoger ver las diferencias como nuestras fortalezas y alcanzar nuestro máximo potencial como pareja, ¡reflejando una imagen mas completa de nuestro hermoso Dios!

CAPÍTULO 4

El secreto de la intimidad

«Por eso el hombre deja a su padre y a su madre, y se une a su mujer, y los dos se funden en un solo ser».

GÉNESIS 2:24

CUANDO SE MENCIONA LA INTIMIDAD EN EL MATRIMONIO, la mayoría de nosotros inmediatamente pensamos en una cosa: el sexo. Y es cierto; el sexo es un lugar íntimo del matrimonio donde dos personas se hacen uno: «... y los dos se funden en un solo ser. En ese tiempo el hombre y la mujer estaban desnudos, pero ninguno de los dos sentía vergüenza» (Génesis 2:24-25, NTV). Estos versículos hablan de la unión física, pero también apuntan hacia la desnudez de nuestro ser, logrando una intimidad completa de cuerpo, alma y espíritu. Quitarse la ropa y encontrarse desnudo físicamente puede ser para algunos fácil y para otros no tanto, pero requiere aun más confianza para quitarse las máscaras del alma y ser conocidos por quienes somos en realidad. Luis y yo hemos estado en muchas sesiones de consejería matrimonial en las cuales escuchamos quejas de insatisfacción en la intimidad sexual. Pero no se compara con la cantidad de parejas que hemos conocido que luchan con la insatisfacción en la intimidad emocional. Muchas veces no tienen palabras para expresar ese sentimiento. Escuchamos frases como: «*Me siento desconectada... Vivimos en dos mundos diferentes... Siento que ella no me entiende... No tengo idea cómo se siente... No estoy pidiendo una solución, solamente quiero que me escuche y me entienda... Siento que no me conoce en realidad... Cuando se vayan los hijos temo que no vamos a tener nada en común...*». Y lo mismo pasa con la intimidad espiritual: «*Nunca oramos juntos... Me da pena decirle lo que estoy sintiendo de parte de Dios... Cómo me gustaría compartir con él un tiempo devocional, pero nunca pasa... Me siento juzgado cuando oro en frente de ella... Siento que ella espera demasiado de mí en el área espiritual...*». Son expresiones de insatisfacción con el nivel de intimidad en su relación. La buena noticia es que podemos crecer en cada área de nuestra intimidad matrimonial: En lo espiritual, lo emocional y en lo físico.

La clave para mejorar en cualquiera de estas áreas es no conformarnos con menos. Dios nos creó para tener intimidad profunda con él y con nuestra pareja; fue programado en nuestro ADN desde el principio del tiempo. Pero, tenemos la tendencia a conformarnos con uno o con el otro. Si tenemos una buena relación con nuestro conyugue, podemos refugiarnos solo en nuestro matrimonio y descuidar nuestra relación con Dios. O si tenemos una buena relación con Dios, podemos descuidar nuestra relación conyugal y refugiarnos solo en él. El plan de Dios desde el principio era para nosotros tener intimidad en ambas relaciones. No vamos a sentirnos completos sin uno o sin el otro. Hay un canto de alabanza muy bonito que dice: *Solo a ti te necesito Dios...* y suena bien, es cierto que solo el amor de Dios nos llena completamente, pero él usa a las personas para mostrárnoslo. Por desgracia, no todos tenemos la bendición de tener relaciones fuertes que nos muestren su amor ágape. Pero en su misericordia, Dios llena esos huecos en nuestro corazón cuando las personas nos fallan o hemos experimentado la pérdida de un ser querido. Aun así, hay que reconocer que estamos hechos para tener relaciones íntimas, y el deseo de nuestro Creador es que crezcamos íntimamente con nuestro cónyuge en todas las áreas: en lo espiritual, lo emocional y en lo físico.

Intimidad espiritual

En el jardín de Edén, Adán caminaba con Dios y hablaba con él cara a cara. Le dio el encargo de cuidar el jardín y después Dios dijo: «No es bueno que el hombre esté solo. Haré una ayuda ideal para él» (Génesis 2:18, NTV). Lo increíble de este pasaje es que el hombre no estaba solo. Dios estaba con él. Dios amaba a Adán, pero sabía que su creación necesitaba experimentar ese amor de una manera palpable con sus cinco sentidos. Entonces, creó la «ayuda ideal» para él. En la versión Reina-Valera dice «ayuda idónea». (Cuando yo estaba viviendo en México y aprendiendo español, escuchaba el término y pensé que estaban diciendo *ayuda y doña*. ¡Estaba convencida de que el término *doña* era bíblico!). La palabra «ayuda» usada en este pasaje es la palabra hebrea *ezer*, y es asombroso que Dios usa esta palabra para referirse a él mismo en Salmos 33:20: «Nosotros ponemos nuestra esperanza en el SEÑOR; él es nuestra ayuda [ezer] y nuestro escudo». El mensaje de Dios en nombrar la mujer *ezer* es hermoso. Yo siento que estaba diciendo: *Igual como yo soplé mi aliento en ti, estoy depositando parte de mi esencia en ella. Porque sé que necesitas sentir mi amor con las mismas manos que tú tienes. Necesitas escuchar mis palabras de ánimo con los mismos labios que tú tienes, y necesitas saber que estoy contigo cada vez que la sientes a tu lado.*

¡¿No es increíble nuestro Dios?! Su plan era perfecto, y todo marchaba bien hasta que el pecado rompió la conexión de la intimidad entre Dios y la humanidad, y entre el hombre y la mujer. La buena noticia es que la conexión se restaura con la venida de Cristo, pero no solamente se restaura, sino que se amplifica. Recibe un «*upgrade* o *actualización*», porque ¡en Cristo podemos experimentar la Intimidad 2.0, aumentada y mejorada! El velo se rasgó y tenemos acceso a la presencia del Padre. Y lo más increíble es como esposos Dios nos dio el privilegio de presentar ese profundo amor divino al mundo a través de nuestro matrimonio: «"Por eso dejará el hombre a su padre y a su madre, y se unirá a su esposa, y los dos llegarán a ser un solo cuerpo". Esto es un misterio profundo; yo me refiero a Cristo y a la iglesia. En todo caso, cada uno de ustedes ame también a su esposa como a sí mismo, y que la esposa respete a su esposo» (Efesios 5:31-33).

Esto es un misterio profundo... Se puede pensar que un misterio es un gran secreto, algo que no podemos entender. Pero esto no es el caso para los hijos de Dios. La palabra *misterio* en griego es *mustérion*. En Marcos 4:11, Jesús le dice a sus discípulos: «A ustedes se les permite entender el secreto [*mustérion*] del reino de Dios; pero utilizo parábolas para hablarles a los de afuera» (NTV). Cuando vemos *mustérion* en la Biblia, no se refiere a algo que no se puede conocer, sino más bien se refiere a algo que solo se puede conocer con la revelación de Dios.[2] El deseo de Dios es darnos la revelación para poder captar y vivir la verdad que hay en este pasaje. Pero requiere humildad. Siempre hay más revelación en Dios cuando estamos humildemente dispuestos a separar el tiempo y preguntarle. ¿Podemos tomar un momento ahora y pedirle al Espíritu Santo más revelación acerca de ser uno solo, como Cristo y su iglesia?

> *Espíritu de Dios, abre mi mente y corazón para tener revelación acerca de cómo tú ves mi matrimonio y cómo nosotros podemos tener una intimidad más profunda como un testimonio de tu amor para el mundo que nos rodea. Lo pido en el nombre de Jesús, amén.*

La oración es una pieza clave para disfrutar más intimidad espiritual. No debe sorprendernos que a la mayoría de las parejas cristianas les cuesta trabajo orar juntos. Hay mucha resistencia espiritual alrededor de esto. Y no estoy hablando de oraciones sencillas, por ejemplo, como las de bendecir la comida o al acostarse para tener dulces sueños. Estas son buenas, pero no son el tipo de oración que va a unir sus corazones con el corazón de Dios en cuanto a las

2. *Musterion: Thayers Greek Lexicon*, Electronic Database. Copyright © 2002, 2003, 2006, 2011 por Biblesoft, Inc.

necesidades de tu familia. Para separar tiempo para orar van a tener que luchar en contra de fuerzas malignas espirituales y la corriente natural de distracciones, cansancio y el entretenimiento que siempre está compitiendo por nuestra atención. No es fácil, pero la recompensa en tu matrimonio será grande. Otra manera de conectarnos espiritualmente es separar tiempo para compartir lo que hemos leído en la Biblia, y la revelación que hemos recibido en nuestro tiempo devocional. Solamente hay que cuidar mucho que el esfuerzo para mejorar en estas áreas no se convierta en un conflicto. Normalmente, hay una persona que tiene más disposición que la otra. No puedes obligar a nadie a orar ni abrir su corazón, ya que se pierde el propósito de fomentar la unidad. Es importante expresar tu deseo de crecer en tu conexión espiritual y ser proactivo en sugerirlo, pero si tu pareja muestra resistencia, no hay que presionar; es mejor orar más al respecto con Dios.

Una de las preguntas que recibimos muy a menudo es qué hacer cuando alguien en la relación no es creyente o no le interesa los temas espirituales. Yo creo que esto es una de las mayores razones porque Pablo dijo que no debemos casarnos en yugo desigual (2ª de Corintios 6:14). Cuando unimos nuestra vida a una persona que no tiene el mismo sentir espiritual que nosotros, limita la intimidad que podemos experimentar. Si ya están casados lo mejor que puedes hacer es orar en contra de los espíritus malignos que tiene cegado(a) a tu pareja y no lo permite ver la luz de Cristo (2ª de Corintios 4:4). La Biblia nos dice también que mostrando la gracia de Dios y tratándolos con amor y respeto puede romper su resistencia al evangelio (1ª de Pedro 3:1-2). No es una tarea fácil, pero ¡no hay nada imposible para Dios!

Intimidad emocional

La conexión emocional es esencial para que florezca y dure nuestra relación. A veces menospreciamos las emociones y las vemos como algo negativo: «No puedo hablar contigo porque eres tan emocional... Hay que ser racionales, no emocionales». En especial los hombres tienden a luchar en esta área. No es porque no sienten. Ellos sienten profundamente igual que las mujeres. Pero a veces por causa de la cultura familiar o su propia personalidad carecen del lenguaje para expresar las emociones más vulnerables. Para muchos es fácil decir: «Estoy molesto, cansado, harto...». Pero curiosamente cuesta trabajo decir: «Tengo temores, te necesito, me duele...». Sin embargo, las expresiones de vulnerabilidad son esenciales para fomentar la intimidad. En este contexto es importante mencionar que las emociones son importantes, pero no deben gobernarnos. Como la mayoría de las parejas, si Luis y yo tomáramos nuestras decisiones basadas solamente en las emociones, ¡definitivamente no estaríamos juntos hoy! Estoy muy de acuerdo con el dicho de que «el amor no es un sentimiento, es un compromiso». Pero tampoco debemos descartar las emociones de nuestra experiencia. Son necesarias para experimentar la plenitud en cualquier relación, sea con Dios u otra persona. Dios mismo es emotivo. La Biblia nos habla de su amor, su risa, su compasión, tristeza, enojo, celo, gozo... La clave para experimentar las emociones plenamente es ponerlas bajo la autoridad del Espíritu Santo. Si no lo hacemos, nos pueden traicionar. Las emociones fueron hechas para seguir a nuestra voluntad y no nuestra voluntad a nuestras emociones.

Hay emociones falsas que en el momento pueden parecer reales, pero no son nuestros verdaderos sentimientos. En un momento de ira, explotamos gritando tontería y media y luego nos arrepentimos de haberlo dicho. Yo les llamo *Emociones Piratas*. Son copias baratas y no auténticas de las verdaderas emociones. En el momento, parece fácil y barato darles rienda suelta, pero a la larga te cuesta caro. Como dice el dicho mexicano: «Lo barato sale caro». Cuando recién llegamos a vivir en México, rentamos un departamento cerca de un tianguis (un mercado al aire libre). Me gustaba pasear por los pasillos repletos de ropa, chucherías y comidas típicas. Un día encontré un puesto de puras películas, y me asombré porque estaban muy baratas. A mí me encanta una buena oferta; entonces, con mucha emoción, compré varias películas para los niños. Llegando a la casa, Luis tenía que poncharme el globito, explicándome que eran películas piratas, copias baratas hechas ilegalmente. Aprendí que aparte de ser ilegales eran de muy mala calidad, y después terminé tirándolas a la basura. Ahora entiendo bien los anuncios en la televisión: «¡Di no a la piratería!». Eso es la misma actitud que debemos tomar: «¡Di no a las emociones falsas!». Es fácil en un momento de emoción pensar y decir cosas que no son lo que verdaderamente sientes en tu corazón. Pero si sigues pensándolo y diciéndolo, se puede convertir en tu verdad. Y las consecuencias tendrán un alto precio. **Un divorcio o separación no pasa de la noche a la mañana. Es una acumulación de emociones no controladas y decisiones mal tomadas.** Definitivamente, vale la pena trabajar en esta área emocional para crear lazos de conexión duraderos. Cuando creamos estos lazos nuestro matrimonio florece y se fortalece y es capaz de resistir las tormentas de la vida.

Hay un punto central en este tema de la intimidad emocional que se llama apego. El psicoanalista John Bowlby se dedicó a estudiar los lazos emocionales que se crean en la niñez entre los niños y los adultos que los cuidan. El resultado de sus estudios mostraba que el apego (el lazo psicológico de conexión entre seres humanos) es necesario fomentarlo para que los niños sobrevivan y prosperen en su desarrollo; el sustento físico no es todo lo que ellos necesitan. Tal vez para nosotros esto hoy no sea una información muy novedosa, pero en su tiempo era algo innovador. Abrió el panorama para que otros pudieran estudiar más allá y descubrir que no son solos los niños que necesitan los lazos de apego, sino también los adultos. *Created for Connection* [Creados para la conexión] por Sue Johnson es un libro escrito con la perspectiva cristiana usando esa idea para ayudar a parejas a crear un apego seguro en su matrimonio. Luis y yo hemos adaptado algunos conceptos de allí que nos han ayudado en nuestra relación y en nuestras consejerías matrimoniales.

El apego seguro se realiza cuando la persona (niño o adulto) sabe que van a atender sus necesidades, darle apoyo emocional y brindarle protección. La persona se siente segura y puede hacer conexiones interpersonales sanas y duraderas. Para abrirse emocionalmente necesitamos sentirnos seguros y a salvo. Hay que ser intencionales en crear ese lugar seguro empezando por evaluar cómo están actualmente. Si compraras un sistema de seguridad para tu casa, la primera cosa que la compañía va a hacer es evaluar qué tan segura es tu casa en ese momento para ver las áreas más vulnerables y qué es lo que más se necesita. Es igual en tu matrimonio. Empieza primeramente con una buena plática usando preguntas diseñadas para revelar la salud de tus conexiones emocionales. Preguntas claves: ¿Sientes que cuentas conmigo para escuchar y responder a tus necesidades? ¿Soy accesible y abierto contigo? ¿Sientes que cuentas conmigo y que puedo responder de corazón (emociones) y no solo con mi mente (soluciones)? ¿Sientes que yo valoro y aprecio tus sentimientos? ¿Sientes que soy leal y no te dejaré? ¿Sientes que aun en medio del conflicto te sigo amando?

Cuando no podemos responder «Sí» a estas preguntas, causa inseguridad en nosotros y un sentido de estar desprotegidos y en peligro. ¿Qué pasa cuando uno se siente en peligro? Su reacción es *fight, flight or freeze* (luchar, huir o quedarse paralizado). Estas son repuestas programadas en nuestro ADN humano para ayudarnos a sobrevivir. ¡Pero no nos ayuda a crear relaciones saludables! Estas mismas reacciones que vemos en situaciones de peligro físico, las tenemos también como respuestas a un ambiente inseguro emocional. Cuando sentimos que se ha roto el apego y la conexión, hay una alarma de peligro que suena dentro de nosotros. Y ninguna de las respuestas «naturales» son buenas. Hay personas que reaccionan de inmediato y luchan para defenderse, levantan la voz y hacen un *show* de fuerza para intimidar a su pareja y mantenerse «seguros». Si la falta de apego continúa, se quedan con sentimientos de enojo y descontentamiento. Los que reaccionan huyendo dejan de hablar y prefieren salir del cuarto, se desaniman y se distraen con actividades para no enfrentar el problema. Si la falta de apego continúa, se quedan emocionalmente desconectados y ausentes. Los que se quedan paralizados sienten que no pueden pensar claramente ni responder. Se quedan sin palabras, y si el apego no se restaura, les cuesta trabajo funcionar o ser productivos. Ninguna de estas respuestas soluciona el problema; al contrario, solo causan más daño. Son reacciones naturales, pero Dios nos da la capacidad de reaccionar sobrenaturalmente. Con la ayuda del Espíritu Santo podemos parar esos ciclos de reacciones dañinas.

La raíz de la mayoría de los conflictos es la falta de apego seguro. Entonces, la manera más eficaz de tratar el asunto es restaurar el sentir de seguridad y conexión emocional.

Muchas veces tratamos los síntomas en lugar de la enfermedad. *«Tenemos que hablar. No es bueno estar callados».* *«No es correcto gritar y pelear; ya no lo voy a hacer»*. Eso puede ayudar a aliviar los síntomas, pero no cura. Hay que restaurar un ambiente emocional seguro. Regresa a las preguntas claves y pregúntate a ti mismo(a) cómo puedes mejorar en mostrar a tu pareja que él o ella cuenta contigo, cómo puedes ser más accesible emocionalmente, etc. Son excelentes puntos de partida para no solo discutirlos en pareja, sino también con Dios. Muchas veces estamos ciegos a nuestras áreas débiles y necesitamos que el Espíritu Santo alumbre nuestro corazón. También, podemos tener áreas quebrantadas en nuestras emociones que solo Dios puede sanar. Hay un dicho conocido que dice: «La gente lastimada lastima a otros». La buena noticia es que la moneda tiene otro lado: la gente sana, sana a otros. La mejor manera de fomentar la intimidad emocional es ser intencional. Decide hoy que vas a someter tus emociones bajo la autoridad de Dios y que vas a ser intencional en hacer lazos de conexión con tu pareja.

Intimidad física

Y todos los hombres dicen: «¡Amen! Por fin, ya llegamos a lo bueno!». Sí es cierto que la intimidad sexual definitivamente es algo bueno, pero primero vamos a hablar de otro tipo de intimidad física: el toque no sexual. Y todas las mujeres dicen: «¡Amen!». El área de intimidad física es un área donde se resalta mucho las diferencias entre las mujeres y los hombres. Como vimos en el capítulo de «Nuestras diferencias son nuestra fortaleza», una de las necesidades básicas de la mujer es el afecto no sexual, y del hombre el afecto sexual. Lo más increíble es que los dos son necesarios para crear lazos de intimidad seguros y duraderos. Dios no se equivoca. Él es el gran diseñador. Lo que parecía un error de su parte, hacernos tan diferentes, es en realidad un plan maestro para magnificar la intimidad que experimentamos.

Lo mejor que podemos hacer para nuestro matrimonio en esta área es ser intencionales en hacer conexiones de tacto físico durante todo el día. Hay que hacer el tiempo para tomarnos de la mano, abrazarnos, sentarnos cerca, acariciar el cabello, etc. Pueden ser pequeños momentos de conexión. No tienen que durar mucho. Hay muchos estudios sociológicos y psicológicos que muestran el poder del toque físico y su papel en crear un apego seguro. Desde nacer hasta ser ancianos, estamos creados para dar y recibir afecto a través del toque. Dios sabía que lo necesitamos para mantenernos cerca de las personas que nos aman, y los beneficios van más allá de lo emocional. Los estudios muestran que recibir toques de afecto aumenta los niveles de serotonina y oxitocina (hormonas que nos dan la sensación de paz y bienestar), baja el ritmo cardiaco, la presión arterial y mejora el sistema inmunológico.[3] Guau, ¡qué regalo de Dios! Y en el matrimonio tenemos el privilegio de experimentar los beneficios del toque físico en una manera más profunda e íntima a través del toque sexual.

El área sexual es una de las áreas que puede ser bastante complicada por el hecho de que es un tema tan vulnerable. Tocar el tema en pareja es difícil. Buscar ayuda y tocarlo con otra persona es aún más difícil. Lo que lo complica más en mi opinión es el hecho que nuestra sociedad hoy en día es

3. *The One Thing Happy Couples Do Every Day to Keep Their Relationship Strong* por Danielle Friedman (13 de febrero, 2018); https://www.health.com/relationships/benefits-touch-your-partner-every-day.

hipersexual. Si tú ves la televisión frecuentemente, sin duda vas a empezar a pensar que tu vida sexual es un fracaso total si no tienen constantemente sexo apasionado. Es lo que el mundo nos quiere convencer. Por desgracia, este gran regalo de Dios, creado para unirnos, puede convertirse en un ídolo de placer o una repulsión egoísta que nos divide. Hay tantos factores que pueden enturbiar las aguas en el momento de tocar el tema: las inseguridades, el temor al rechazo, la falta de conocimiento, las dudas, las influencias pecaminosas, los malos consejos, las adicciones, los abusos, las enfermedades... y la lista sigue. Pero la buena noticia es que Dios es el Creador del sexo y del matrimonio. Él sabe cómo debemos funcionar juntos porque fuimos creados para funcionar juntos. El mejor sexo es el sexo bajo el diseño y la bendición de Dios; se podría nombrar el sexo divino.

El enemigo ha venido a mentirnos que el mejor sexo es el prohibido, el perverso, el secreto. Satanás no es el creador de nada. Solamente puede pervertir y distorsionar lo que Dios hace. Una copia distorsionada y barata nunca va a ser tan bella como el arte original. Si sienten que sus vidas sexuales no se parecen en nada a una obra de arte divina, tengo buenas noticias. Dios tiene una capacidad sobrenatural de tomar lo muy complicado, lo muy quebrantado, lo que parece no tener solución y arreglarlo con el susurro de su voz. El asunto es poder escucharlo. Mi deseo ahora es que podamos escuchar la voz de nuestro Creador hablando sobre nuestra sexualidad, ¡trayendo revelación, sanidad y libertad! El mejor lugar para empezar a escuchar su voz es la Biblia, la Palabra inspirada de Dios.

Vamos a empezar con las cinco preguntas básicas: quién, cómo, cuándo, dónde y por qué, relacionándolas con el tema del sexo y ver lo que dicen las Escrituras acerca del sexo divino, bello y bendecido por Dios.

1. **Quién**: Hebreos 13:4: «Honren el matrimonio, y los casados manténganse fieles el uno al otro. Con toda seguridad, Dios juzgará a los que cometen inmoralidades sexuales y a los que cometen adulterio» (NTV).

   Mateo 19:4-5: «—¿No han leído —replicó Jesús— que en el principio el Creador "los hizo hombre y mujer" y dijo: "Por eso dejará el hombre a su padre y a su madre, y se unirá a su esposa, y los dos llegarán a ser un solo cuerpo"?».

Es claro en la Biblia que el sexo divino es entre un hombre y una mujer en la santidad del matrimonio. No es para incluir otras personas físicas ni virtuales. Por eso la pornografía es tan dañina. Es como cometer infidelidad virtual e invoca el juicio de Dios de acuerdo a Hebreos 13:4.

2. **Cómo**: En el mismo versículo de Hebreos 13:4, en el lenguaje original griego, la palabra «fieles» es *amiantos*, que tiene un significado muy interesante en cuanto a lo sexual. Se define como algo no contaminado, sin mancha, que no tiene deformidad ni es degradado, ni su vigor dañado.[4] Es una descripción hermosa de la pureza.

Tenemos que mantener nuestra relación sexual pura. Lo que es importante entender es que la pureza en su práctica se puede interpretar diferente según cada pareja. Hay los parámetros claros en la Biblia, como la fidelidad mencionada en el punto anterior. Pero hay otros parámetros que

4. "Amiantos": Helps words studies, Copyright © 1987, 2011, Helps Ministries, Inc.

no son tan claros. Muchas veces en la consejería prematrimonial nos preguntan: «¿Qué es lo que podemos hacer o no hacer?». Lo que están preguntando es: «¿Hay prácticas sexuales que no estén permitidas en un matrimonio cristiano?». Siento que las instrucciones de Pablo en 1ª de Corintios 10:23-24 son muy relevantes acerca de este tema: «"Todo está permitido", pero no todo es provechoso. "Todo está permitido", pero no todo es constructivo. Que nadie busque sus propios intereses, sino los del prójimo». La clave es que los dos estén de acuerdo y tengan paz al respecto. Hay actos sexuales, como el sexo oral, por ejemplo, que uno podría decir que se menciona (indirectamente) en el libro de Cantares en la Biblia como una expresión de amor puro y placer. Para algunas parejas esa ha sido su experiencia. Pero para otras, tal vez uno de los dos lo relaciona con una mala experiencia o algo indebido; entonces, no es recomendable si no se disfruta o es incómodo.

Hay algunas preguntas claves que recomendamos considerar antes de nombrar un acto sexual puro para su matrimonio: ¿Está prohibido en la Biblia? ¿Es antinatural, contra el diseño natural de Dios? ¿Puede causar daño físico? ¿Es amoroso y no obligado? ¿Los dos están de acuerdo en buena consciencia?

3. **Dónde**: En la cocina. ¡No, no es lo que están pensando! La intimidad sexual se fomenta desde el desayuno hasta la noche. Una palabra cariñosa, un gesto de consideración ayudando lavar la vajilla, un detalle de atención especial, un pequeño masaje en los hombros, un texto cariñoso o de coqueteo. Todo ayuda a crear lazos de cariño que pueden terminar en una noche de intimidad en la cama. Es importante recordar que la intimidad se crea todo el día.

4. **Cuándo**: 1ª de Corintios 7:5 dice: «No se nieguen el uno al otro, a no ser de común acuerdo, y solo por un tiempo, para dedicarse a la oración. No tarden en volver a unirse nuevamente; de lo contrario, pueden caer en tentación de Satanás, por falta de dominio propio». No es un secreto que la mayoría de las parejas tienen deseos sexuales (libidos) diferentes y desproporcionados. Es tan común que tiene un nombre: deseo discrepante. Esa diferencia se puede convertir en un conflicto o una oportunidad de amar a nuestro cónyuge aun cuando no es una necesidad propia. Eso se llama amor ágape. La frecuencia de nuestros encuentros sexuales depende de muchos factores: el libido de cada persona, la etapa de la vida (embarazos, niños pequeños, menopausia, andropausia), el nivel de apego emocional, la salud, los horarios de trabajo, etc. Lo importante es que los dos estén bien con su frecuencia sexual y que tengan algún tipo de regularidad. Cuando pasa demasiado tiempo sin tener relaciones sexuales, el nivel de conexión e intimidad en general se afecta. Hay un estudio interesante que midió la felicidad en pareja relacionado con la frecuencia del sexo. Curiosamente, la felicidad llegó al máximo con un encuentro sexual por semana.[5] Eso significa que las parejas que tenían relaciones por lo menos una vez a la semana experimentaban más felicidad en su relación que las que tenían relaciones sexuales menos frecuentes, pero experimentaban el mismo nivel de felicidad que las que lo tenían más frecuentemente. Obviamente, tener sexo una vez a

5. Muise A, Schimmack U, Impett EA, *Sexual Frequency Predicts Greater Well-Being, but More Is Not Always Better, Social Psychological and Personality Science* (2015;7(4):295-302. doi:10.1177/1948550615616462.

la semana no es una fórmula para la felicidad (¡ojalá que fuera tan sencillo!). Para algunas personas sería mucho y para otras poco, pero demuestra la conexión entre un sentir de bienestar en su matrimonio y la constancia de sus encuentros sexuales.

5. **Por qué**: Regresamos a Mateo 19:5: «Esto explica por qué el hombre deja a su padre y a su madre, y se une a su esposa, y los dos se convierten en uno solo» (NTV). Siempre hay que tener el porqué en mente con cualquier cosa que hacemos. No se puede cumplir la meta si no sabemos cual es. La meta final del sexo es la intimidad, ser una sola carne, no la experiencia en sí misma. Es un camino hacia un destino; no es el destino en sí. El sexo en nuestra cultura se ha convertido en un ídolo. Y puede pasar en nuestras casas también. Cualquier cosa que se convierte en el centro de nuestra atención y energía podría ser un ídolo. El sexo podría convertirse en el centro de nuestro matrimonio por causa de pleitos o placer. Conocimos una pareja que se divorciaron, y una de las razones era que ella estaba obsesionada con el sexo. No es un error de tipografía. ¡Sí dije ella y no él! Su alto libido podría haber sido una bendición en su matrimonio. Pero ella veía el sexo como un escape del estrés y la manera de sentir que ellos estaban bien como matrimonio. El problema era que con el tiempo él se empezó a sentir presionado, y como no lograba agradarla en otras áreas del matrimonio (era una mujer muy crítica), perdió su deseo de agradarla sexualmente. Eso pasa más a menudo al revés, con hombres exigentes y críticos con libidos altos que hacen sentir a su mujer como un objeto

> para ser usado. Tienen relaciones sexuales, pero no logran la intimidad. Conocimos a otra pareja que nos dijo que por veinte años tuvieron sexo casi todos los días. Era parte de su rutina diaria, como cepillarse los dientes. Pero al igual no había intimidad en otras áreas de la relación, y tristemente la relación terminó en el divorcio. Hay que mantener el «porqué» en mente.

Eso no significa que el sexo siempre tiene que ser una experiencia eufórica de conexión. No debemos sentir presión de cómo *tiene que ser.* Hay que entender que hay diferentes maneras de disfrutar la relación sexual, así como hay diferentes maneras de disfrutar la comida. Hay comida fina, comida rápida, comida insípida, pero muy saludable, bocadillos y postres ricos... Se me hace que la vida sexual también es así. Hay momentos cuando es una delicia fina, cuando se toma el tiempo y el cuidado de disfrutar cada momento, otras veces cuando es simplemente un «rapidito», como pasar por el «*drive thru*» de McDonald's. ¡Cumple el propósito cuando no tienes tiempo para algo mejor! También hay encuentros como la comida naturista. No tienes muchas ganas de comerla, pero lo haces porque sabes que es bueno para ti. Y siempre hay momentos como los bocadillos, cuando las comes porque es divertido y recreativo. Y no hay que olvidar los postres ricos, el final feliz después de un largo día. La variedad es lo que hace la vida interesante.

Siento que hay personas leyendo esto que están pensando: *Suena bien, pero no es mi experiencia. Para mí el sexo más bien es como la comida echada a perder. Causa más daño que bien. Siempre hay pleitos y conflictos, y deja un mal sabor de boca.* O puede ser que sientes que te mueres de hambre porque vives en un matrimonio sin relaciones sexuales. De hecho, según los estudios, aproximadamente el 15 % de los matrimonios de hoy viven sin sexo, o tienen relaciones sexuales menos de diez veces al año.[6] Este porcentaje ha subido en los últimos años. Un dato interesante es que los investigadores piensan que está relacionado con los teléfonos celulares y el acceso a los medios sociales. Yo añadiría también por el acceso fácil a la pornografía. Hemos visto y hemos hablado con otros pastores que están viendo muchos más casos de parejas jóvenes con vidas sexuales disfuncionales por causa de los daños incurridos por la pornografía. Hábitos lujuriosos que empezaron cuando eran solteros, pensando que todo se iba a curar con casarse, los llevan al matrimonio y las consecuencias son devastadoras. Estoy hablando de personas cristianas con las mejores intenciones de tener un buen matrimonio, pero por abrir la puerta al enemigo en el área de su sexualidad, se encuentran atrapados y atados. Y por desgracia, su pareja paga las consecuencias también.

Cualquiera que sea la razón por no tener una vida sexual satisfactoria, siempre hay esperanza. Ora al respecto y busca ayuda. Pídele al Señor que te revele la raíz del problema. Podría ser un problema espiritual, emocional o físico. La buena comunicación es clave para encontrar libertad en esta área. Habla con tu pareja, busca un tiempo cuando están en paz (el momento del sexo no es un buen momento para hablar, porque es demasiado vulnerable), y pídele su ayuda. Pónganse de acuerdo para encontrar ayuda juntos, porque la disfunción en esta área los afecta a los dos. A veces es necesario buscar consejería o atención médica. Hay tantos factores que pueden afectar esta área, como el abuso en la

6. https://www.thehealthy.com/family/relationships/are-sexless-marriages-more-common-than-we-think/

infancia, experiencias negativas, ignorancia, egoísmo, adicciones, problemas de salud, etc. Lo importante es no sufrir en silencio. El deseo de Dios es que disfruten de una relación sexual plena y satisfactoria. Si tú eres quien está sintiendo el rechazo sexual de tu pareja, hay que resistir el enojo y la frustración y tratar de enfocarse en ser parte de la solución al problema. Es importante ponerte del lado de tu cónyuge y enfrentar el problema juntos en unidad. Aunque te sientas ofendido(a), recuerda que él (o ella) no es el enemigo(a). Es una víctima igual que tú del enemigo que quiere robarles de todo lo bello que Dios ha creado. Si tú eres quien sufre de un libido bajo (aparte de buscar sanidad espiritual, emocional o física si es necesario), recuerda que el buen sexo no es simplemente algo físico. ¿Dónde se encuentra el lugar de más estimulación de placer en el cuerpo? ¡En el cerebro! Usa tus pensamientos a tu favor. Hay un dicho en inglés que dice: «Tell yourself a good story» (Cuéntate una bonita historia). El cuerpo responde a la historia interna que tú le cuentas. En lugar de recordar todo lo que te molesta de tu pareja, piensa en todo lo que te atrae. Recuerda los días de conquista cuando andaban de novios. La imaginación es una herramienta poderosa. El enemigo la ha secuestrado y la usa para su ventaja en la industria de la pornografía y las novelas románticas. Pero es un regalo de Dios, y hay que rescatarla y usarla para tener más intimidad con nuestra pareja imaginando una relación sexual pura y apasionada.

Recuerda que el buen sexo no es la meta final. Es solamente parte de la jornada en llegar al destino de crear lazos de apego seguro. La intimidad es un regalo de Dios para unir no solo nuestros cuerpos, sino también nuestros corazones. Cada área de intimidad está enlazada con las otras. El secreto de la intimidad es ser intencional en ser uno. Tenemos que ser diligentes en cuidar lo espiritual, lo emocional y lo físico. Todo lo bueno en este mundo cuesta algo. Nada se mejora por sí solo. Requiere atención y esfuerzo. Pero hay que tomar ánimo ya que vale la pena cualquier sacrificio, porque la recompensa es lo que cada corazón anhela: estar conectado íntimamente con el ser humano que amas profundamente.

CAPÍTULO 5

Una comunicación divina

«¡Todo el que crea en mí puede venir y beber! Pues las Escrituras declaran: "De su corazón, brotarán ríos de agua viva"».

JUAN 7:38 (NTV)

NUESTRAS PALABRAS DEBERÍAN DE SER COMO FUENtes de agua viva, pero al no saber cómo comunicarnos en muchas ocasiones son como tragos amargos. Si solo supiéramos comunicarnos mejor, tendríamos menos conflictos en nuestro matrimonio. Las malas maneras y los tonos al hablar nos complican la vida; pensar en voz alta y decir lo que no queríamos nos ha llevado a muchos de nosotros, por no decir a todos, a herirnos de formas profundas. Una palabra mal dicha puede marcar la vida de alguien para siempre. Se dice en un instante, pero se lamenta toda la vida.

Dios nos advierte en su palabra que el poder de la vida y de la muerte está en la punta de nuestra lengua (Proverbios 18:21). Esto es verdad, pero si no vivimos bajo los estándares de Dios, no vamos a tomar esto muy en serio.

Las frustraciones y la amargura en nuestra propia vida se nos salen por la boca, y parecen salir más rápidamente de lo que podemos contenerlas. Piensa en esto: «De la abundancia del corazón habla la boca» (Mateo 12:34). ¡Qué verdad más profunda! En ocasiones decimos: «No quise decir eso», pero veamos esto más detenidamente. Es verdad; muchas veces decimos cosas no muy en serio. El problema es que al no tener dominio propio, y al decir lo primero que nos viene a la mente, desarrollamos un mal hábito que nos puede causar muchos problemas, ya que en algún punto se conecta lo que hablamos con el corazón. Cuando sucede esto es cuando lo creemos. Y en ese momento las palabras cobran poder. Al estar diciendo palabras negativas continuamente, corremos el riesgo que se conecten con nuestro corazón y cobren vida. Seguramente has escuchado cosas como: «Yo sé que no es verdad, pero me lastimó profundamente lo que dijo». La razón es porque esas palabras se conectaron con el corazón. Imagina que tu corazón es el estanque de una fuente. Ahí se almacena el agua sucia o limpia. Ahora imagina tu boca como esa fuente que arroja el agua de ese estanque hacia afuera. Aunque decimos que no era la intención ofender o decir eso... la pregunta es: ¿de dónde sacó el agua la fuente? Del estanque del corazón.

Si entendemos esta verdad seremos más cuidadosos con nuestra manera de comunicarnos. En el matrimonio la comunicación es clave. Sabemos esto, lo hemos escuchado, leído, compartido, etc. Pero aún así dejamos que nuestras emociones controlen nuestra lengua. Sin embargo, hay una solución a todo esto.

Recuerda que estamos hablando de un matrimonio divino donde Dios es el centro. El Señor nos habla que su Espíritu Santo está dentro de nosotros cuando hemos recibido a Jesús como nuestro Señor y Salvador. Y esto nos da esperanza de que nuestro corazón pueda cambiar. Que el estanque de nuestra fuente sea limpiado y podamos llenarlo de agua limpia. Jesús nos habla de cuidar lo que entra a nuestra mente porque afecta nuestro corazón. La forma para poder controlar lo que entra a nuestra mente es controlar lo que vemos, escuchamos y leemos. Pareciera que eso no tiene nada que ver con nuestra comunicación. Pero recordemos que de lo que abunda en nuestro corazón es lo que va a salir de nuestra boca (Mateo 12:34, NTV).

A través de los años hemos aprendido que no podemos dar de lo que no tenemos. Si nos cuesta trabajo mostrar amor, compasión, gracia y misericordia en nuestra relación de pareja, es una indicación de que nuestro corazón carece de lo mismo. Es probable que estemos luchando con la amargura, ya que las palabras que carecen de estas cualidades se convertirán en aguas amargas que envenenan el corazón y, tarde o temprano, las arrojaremos como una fuente por nuestra boca. **La buena comunicación empieza con un corazón limpio**. «Examíname, oh Dios, y sondea mi corazón; ponme a prueba y sondea mis pensamientos. Fíjate si voy por mal camino, y guíame por el camino eterno» (Salmos 139:23-24, NTV). Lo hermoso de un matrimonio divino es que el Espíritu Santo nos ayuda a cambiar la forma en que nos comunicamos. Haz la prueba y pídele ayuda. Kristen y yo hemos tenido muchos momentos hermosos y otros no tan hermosos en nuestra comunicación, donde hemos abierto nuestros corazones y compartido lo más profundo que hay en nosotros; hemos reído, llorado y también peleado. Llegar a tocar las fibras del alma lleva tiempo y confianza. Aunque nos casamos con muchas ilusiones, hemos visto que tanto a nosotros, como a muchas otras parejas, nos ha costado llegar a poder comunicarnos correctamente. Aún a estas alturas de nuestro matrimonio tenemos malentendidos, y en ocasiones nos herimos por la falta de mostrar amor en la manera cómo hablamos el uno al otro. Pero también hemos experimentado la sanidad y restauración de nuestros corazones por medio de la guía del Espíritu Santo. Yo reconozco que me cuesta trabajo contener mis pensamientos y reacciones verbales cuando Kristen aprieta mis botones que exponen mis inseguridades y orgullo. Pero los dos hemos encontrado el camino de regreso a casa... *el perdón.* El Espíritu Santo nos ofrece este hermoso camino de liberación, sanidad y restauración. Lo hemos recorrido muchas veces. Cada vez que tenemos alguna diferencia o conflicto por una mala comunicación, y nos ofendemos mutuamente, podemos escuchar al Espíritu Santo hablando a nuestros pensamientos: *Tienen que regresar y pedirse perdón. No se vayan a dormir con el rencor, la irritación y el enojo en el corazón.* «Además, "no pequen al dejar que el enojo los controle". No permitan que el sol se ponga mientras siguen enojados» (Efesios 4:26, NTV).

Nos hemos pedido perdón muchas veces, y hemos visto el fruto hermoso de la restauración. Pero en otras ocasiones hemos decidido mantener nuestro orgullo y pagar las consecuencias que han sido muy altas. En una ocasión, Kris y yo estábamos celebrando nuestro aniversario, y la invité a desayunar. Mientras estábamos en camino en el auto, salió uno de esos temas que no se deben de tocar en un aniversario. Kris, en mi opinión, insistió en el tema, y yo empecé a perder el control. Llegamos al restaurante un poco molestos, las cosas no mejoraron, y todo empezó a ir cuesta abajo. Unos días antes yo había mandado a arreglar un anillo que a ella le gustaba mucho, pero que estaba en mal estado. Sin que ella se diera cuenta, lo llevé a la joyería. Yo estaba emocionado porque ese era mi regalo de aniversario, y mi plan era llevarla a recogerlo después del desayuno. En camino del restaurante a la joyería las cosas empeoraron, nuestro tono de voz cambió, y empezamos a ofendernos el uno al otro. Llegamos a la plaza donde estaba la joyería, y yo me estacioné con una mala actitud. Salimos del auto, y al llegar a la entrada de la plaza, yo le dije: «¿Sabes qué? Mejor vámonos». Ella insistió en no irnos y eso me hizo enojar aun más. Me fui enfurecido por el auto yo solo, y cuando me subí sentí que el Espíritu Santo me decía: «*¡Detente!*». Pero lo ignoré por completo. Salí en reversa con prisa, y en ese momento otro auto también estaba saliendo exactamente detrás de mí (qué coincidencia) y los dos chocamos de reversa. Fue un golpe bastante fuerte porque yo había salido con impulso. En ese momento me quedé sentado en el auto en *shock* pensando: *¿Qué pasó?* Perdí el control de mis emociones y **cuando uno pierde el control alguien más lo toma**. Y ese alguien no está a tu favor. Había dejado que el enemigo envenenara mi corazón con mis palabras en contra de Kristen, a quien tanto amo. (*Solo la tristeza de recordarlo me da ganas de llorar otra vez*). Como podrás imaginarte, las cosas no terminaron ese día como lo había planeado. Recogimos el anillo, regresamos a casa con la cola entre las patas, y después de pedirle perdón y orar, pasamos el resto del día en silencio. Me costó dinero, tiempo y esfuerzo arreglar todo el daño. No solo por la reparación del auto, sino por el daño colateral en nuestra relación. Sentí en ese momento que retrocedí varios años en mi relación con Dios y con Kris. Todo por mi orgullo. Pero me arrepentí y aunque hubo consecuencias también encontramos la gracia de Dios. Hubiera sido mejor no decir nada, pasar un buen tiempo, y sacar agua viva de mi corazón, pero lo que salió en ese momento fue ira y amargura. ¡Qué tristeza, perdí esa batalla, pero no la guerra! Le doy gracias a Dios por el camino del perdón, porque la Palabra dice en 1ª de Juan 1:9: «Si confesamos nuestros pecados, Dios, que es fiel y justo, nos los perdonará y nos limpiará de toda maldad», y en Santiago 5:16 dice: «Por eso, confiésense unos a otros sus pecados, y oren unos por otros, para que sean sanados. La oración del justo es poderosa y eficaz». Kris y yo, por nuestra naturaleza humana, inseguridades y orgullo, nos hemos herido profundamente el uno al otro, y si no fuera por la guía divina del Espíritu Santo hacia el perdón, no estaríamos ahora escribiendo este libro.

La gente puede vernos y decir qué hermoso matrimonio, se ven muy bien; seguro que no tienen problemas, parecen perfectos. La verdad es que tenemos conflictos como todo matrimonio, y en la mayoría de los casos son por cosas pequeñas e insignificantes. Pero en realidad lo que ha marcado la diferencia en nuestra comunicación es que hemos caminado ese hermoso sendero del perdón. Dios nos ha enseñado a resolver nuestros conflictos y poder comunicarnos mejor. ***Una comunicación divina no es cosa de solo querer, sino de obedecer y hacer***. Cuando sientes que Dios te habla y te dice que pidas perdón o que perdones, tienes la oportunidad de tomar la actitud de Jesús y humillarte. Jesús dijo: «Aprendan de mí, pues yo soy apacible y humilde de corazón...» (Mateo 11:29).

Hemos pasado por diferentes etapas de madurez en cuanto a la comunicación en nuestro matrimonio. Y queremos animarte a que veas la comunicación divina en tu matrimonio como un proceso. Llevará tiempo desarrollar confianza y poderse entender profundamente. Pero te aseguramos que si mantienen la intención de invitar al Señor Jesús a guiarlos a comunicarse y entenderse mutuamente, lo lograrán.

En diferentes momentos yo he tenido que ir a postrarme delante de Dios y decir: «Padre, no la entiendo. Ayúdame a ver a Kris como tú la ves. Muéstrame tu corazón hacia ella. Espíritu Santo, guíame en mi comunicación hacia a ella». Y estoy seguro de que ella también lo ha hecho. ¿Y qué crees que pasa? En algunos casos las cosas se resuelven rápidamente, pero otras veces no sucede así. Tengo que tomar el tiempo para ser intencional en poder comunicarme mejor. Lo que hemos aprendido es que para disfrutar de una buena comunicación es mejor escuchar antes de hablar. Para lograr esto, es necesario crecer en los siguientes niveles de comunicación:

- **La comunicación casual**
- **La comunicación intencional**
- **La comunicación emocional**
- **La comunicación espiritual**

La comunicación casual

Es aquella que usamos para hablar sobre las cosas de la vida diaria. Comentarios como: *Buenos días. El café está listo. Voy a llevar a los niños a la escuela. Te veo para cenar. Hoy vamos a ir al juego de pelota de los niños. Te ves muy bien, amor. Recuerda recoger esto o aquello de regreso a casa.* Preguntas como: *¿A qué hora vas a regresar hoy? ¿Quieres desayunar algo? ¿Crees que vamos a poder ir a ver a mi mamá este fin de semana? ¿A qué hora nos vamos a la iglesia?* etc. Sin este tipo de comunicación no podríamos mantener una relación cordial. Esta es la comunicación más básica en un matrimonio. Es lo que nos ayuda a convivir y sobrevivir en nuestra relación. La comunicación casual no lleva tanto tiempo ni esfuerzo, pero tristemente hay parejas que no se pueden comunicar bien con amor y respeto en este primer nivel, y conlleva a un sentimiento de rechazo, soledad y malentendidos. No es solo lo que se dice, pero cómo se dice.

La comunicación intencional

Es cuando somos intencionales en querer compartir nuestros pensamientos o escuchar los pensamientos de nuestra pareja acerca de algo en particular. Comentarios como: *¿Sabes?, estaba pensando esto o aquello. ¿Por qué no tomamos un tiempo para conversar sobre lo que me comentaste? Quiero escuchar qué es lo que piensas en este asunto. Necesitamos resolver esta situación o problema.* Este tipo de comunicación no sucede si no tomamos un tiempo específico para hablar sobre los temas que van a determinar el rumbo de la semana, el mes, o los siguientes años. Temas como: dónde vamos a vivir, el manejo del dinero, las creencias y costumbres, los hijos, las escuelas, los trabajos, las vacaciones, la iglesia, etc. Todo lo relacionado con el rumbo que tomará nuestro matrimonio. Sin este tipo de comunicación es muy difícil tener una dirección clara hacia dónde vamos.

Kris y yo hemos tenido muchas conversaciones sobre estos temas, y nos ha ayudado a enfocar nuestro matrimonio en un rumbo estable. Pero también hemos visto que sin la intervención de Dios es difícil ponerse de acuerdo en temas importantes, ya que los dos pensamos muy diferente. En varias ocasiones no hemos estado de acuerdo y necesitamos ser intencionales y humildes para invitar al Espíritu Santo a darnos la perspectiva correcta, ya que hay situaciones que ninguno de los dos tiene la respuesta adecuada. Y solo el Señor nos puede guiar. Tomar un tiempo para hablar, orar y ver lo que dice Dios en su palabra con respecto al tema, nos ha permitido tener más intimidad en nuestro matrimonio. No siempre ha sido fácil, porque podemos confundir nuestra propia voluntad con la voluntad de Dios. Hay un versículo que me gusta mucho, ya que nos da la pauta para poder escuchar lo que Dios tiene que decir al respecto. «¡Quédense quietos y sepan que yo soy Dios!...» (Salmos 46:10, NTV). Cuando hemos decidido estar quietos por un momento, semana, mes o años sobre algún tema y no hacer nada hasta que sintamos la paz de Jesús, es cuando vemos que todo nos ha salido mejor. En cambio, cuando nos apresuramos, que normalmente soy yo (*Luis*), las cosas no salen tan bien como podrían haber salido. Para poder hacer esto se necesita dominio propio, que es un fruto del Espíritu Santo (Gálatas 5:22-23).

Recuerda que si no somos intencionales no vamos a dar lugar a las conversaciones importantes, y eso puede llevar nuestro matrimonio a navegar a la deriva en el mar de la vida con la posibilidad de toparnos con tormentas que pueden dañar nuestra relación cuando podíamos haberlo evitado con una comunicación intencional.

La comunicación emocional

Este tipo de comunicación es un nivel aún más profundo en nuestras conversaciones. A menudo los hombres sentimos que estamos teniendo *conversaciones emocionales* con nuestra esposa cuando tratamos temas importantes como los que describimos anteriormente. Pero he aprendido que es muy diferente una comunicación intencional a una comunicación emocional.

Yo, en particular, confieso que me ha costado trabajo y muchos años para poder llegar al lugar donde estamos hoy con este tema. La comunicación emocional, como la palabra lo dice, tiene que ver con los sentimientos. Son las conversaciones más difíciles de manejar. Casi nunca hacemos el tiempo para llegar a ellas, ya que abren puertas a lo profundo del corazón, a sentimientos que muchas veces ni siquiera sabíamos que estaban ahí. A Kristen y a mí nos ha llevado años poder entrar a esos cuartos que están en lo profundo del alma.

Estas conversaciones no son acerca de decisiones cotidianas o de planeación. Tienen que ver con la pregunta de cómo estamos verdaderamente dentro de nuestro mundo interior. A continuación, expongo algunas preguntas que pueden servir como guía para conversaciones emocionales.

- ¿Tenemos paz en nuestro matrimonio?
- ¿Qué cosas roban nuestra paz?
- ¿Cuáles son nuestros anhelos más profundos?
- ¿Cómo está nuestra relación con Dios, entre nosotros como matrimonio, y con los demás?
- ¿En verdad sentimos que podemos abrir nuestro corazón el uno con el otro sin ser juzgados, ridiculizados o menospreciados?
- ¿Somos felices y tenemos gozo donde estamos en nuestra relación?
- ¿Tenemos dudas, preguntas, inseguridades acerca de nosotros?
- ¿Podemos identificar el dolor en nuestra vida o en nuestra relación matrimonial?

- ¿Qué nos hace sentir realmente plenos como personas cuando estamos juntos?
- ¿Qué nos hace sentir inseguros, menospreciados, marginados, cuando estamos juntos?
- ¿Es nuestra relación íntima sexual plena o hay frustración en esta área?
- ¿Hay algo que hemos querido compartir el uno con el otro que es sumamente profundo, pero que no hemos podido hacerlo por temor, rechazo o vergüenza?
- ¿Cómo ha afectado para bien o para mal nuestra situación financiera?
- ¿Podemos confiar mutuamente en esta área?
- ¿Qué tan importante es nuestra relación y qué estamos dispuestos a hacer para rescatarla, mantenerla o seguir creciendo?
- ¿Hay temas emocionales no resueltos entre nosotros que afectan a nuestros hijos?
- ¿Hay temas no resueltos con nuestros hijos que afectan nuestra relación matrimonial?
- ¿Estamos de acuerdo en la forma en cómo tratamos, educamos, corregimos, motivamos a nuestros hijos o tenemos desacuerdos?
- ¿Estamos dispuestos a ser abiertos, sinceros en hablar y solucionar algunos de estos temas u otros similares?
- ¿Estaríamos dispuestos a buscar ayuda si no podemos resolver nuestras diferencias y conflictos entre nosotros mismos en un determinado tiempo?

Como puedes ver, la lista de preguntas puede ser muy larga. Tú puedes añadir tus propias preguntas. Ten paciencia ya que llegar a comunicarnos claramente a este nivel de comunicación lleva tiempo.

No solo porque nos casamos podemos pensar que nos pertenecemos el uno al otro emocionalmente. Dios sabe qué tan profundo es el corazón y que en muchos casos es engañoso. Hablar de las emociones es peligroso sin una guía clara de cómo manejarlas y los límites que debemos poner para que no se salgan de control. Como vemos, las emociones son exactamente eso: *emociones que* suben y bajan, que contienen algo de verdad, pero que no necesariamente son 100 % verdad. Por eso, cuando tenemos este tipo de conversaciones siempre debemos hablar en primera persona (*yo siento que...*) con la perspectiva de encontrar la verdad. Sabiendo que aunque estamos siendo vulnerables podemos entender que el corazón es engañoso y perverso. «El corazón humano es lo más engañoso que hay, y extremadamente perverso. ¿Quién realmente sabe qué tan malo es?» (Jeremías 17:9, NTV). Dios nos advierte en este versículo que debemos tener cuidado con nuestras emociones, ya que nos pueden traicionar y llevarnos a lugares desastrosos, creando ideas e historias que muchas veces no son verdad. (En el siguiente capítulo entraremos en más detalle de cómo tener conversaciones emocionales que son específicamente para resolver conflictos).

¿Entonces, por qué debemos de tener estas conversaciones emocionales? Esta es una pregunta excelente. La respuesta es: para que podamos ser liberados, sanados y restaurados en nuestras emociones y así poder vivir una vida en abundancia. Cuando guardamos todas estas emociones en nuestro corazón y no las exponemos en nuestro matrimonio, el enemigo de nuestra alma aprovecha la ocasión para hacernos daño, pero cuando hablamos de ellas y las exponemos en un lugar seguro y con la persona adecuada (que debería ser nuestra pareja) es cuando podemos tomar todas esas emociones y llevarlas a un nivel de comunicación más profundo, y más alto aun, a una *comunicación espiritual.*

Nota: Si piensas que no están listos para llevar a cabo una conversación emocional en tu matrimonio, o has intentado hacerlo, pero no ha funcionado, es muy importante que consultes a alguien que tenga la capacidad para guiarlos. Puede ser un pastor, líder o consejero matrimonial. Busca ayuda. No es fácil hacerlo, pero la recompensa es grande. Sé realista y no esperes que en un par de sesiones todo esté arreglado. Esto lleva tiempo, porque ni nosotros mismos entendemos a fondo nuestras emociones. Pero hay alguien que las entiende perfectamente; y es el Espíritu Santo. Y él nos puede guiar al siguiente nivel de comunicación

La comunicación espiritual

Una vez que hemos entendido los tres tipos de comunicación anteriores, entonces podemos llevar a cabo una comunicación espiritual. Aunque el nombre suena muy serio e imponente, es dónde más deberíamos de entablar nuestras conversaciones. Cuando incluimos al Espíritu Santo en nuestras conversaciones tanto casuales, intencionales o emocionales, no hay nada que esté fuera de su alcance.

Cuando interviene el Espíritu Santo en nuestras conversaciones, podemos llevar nuestras cargas a Jesús para que él nos haga descansar. «Luego dijo Jesús: "Vengan a mí todos los que están cansados y llevan cargas pesadas, y yo les daré descanso. Pónganse mi yugo. Déjenme enseñarles, porque yo soy humilde y tierno de corazón, y encontrarán descanso para el alma. Pues mi yugo es fácil de llevar y la carga que les doy es liviana"» (Mateo 11:28-30, NTV).

¡Qué palabras más hermosas las que nos dice Jesús! Eso es lo que realmente debemos hacer; descansar de nuestras cargas emocionales, porque como humanos no fuimos diseñados para llevar cargas pesadas. Fuimos hechos para llevar solo la carga del Señor, que es la carga de obediencia, la cual al final del día nos hace bien y ejercita nuestra disciplina y humildad.

Las conversaciones emocionales son para sacar a la luz lo que está en lo profundo del corazón y poner cada emoción delante de Jesús.

Cuando hablamos de nuestras emociones y sentimientos con nuestra pareja, entonces juntos (ya que dos son mejor que uno) podemos llevarlas al Señor y él nos dará instrucciones de qué hacer y cómo entregarle esa situación a él. Qué libertad más grande podemos encontrar en este tipo de comunicación. Confiando en que no hay nada imposible para nuestro Salvador, podemos acudir a él y decir: «No sé cómo resolver esta emoción que siento, pero tú sí». Pensamos que cuando abrimos nuestro corazón, nuestra pareja debiera entendernos o resolver la situación, pero en muchas ocasiones no es el propósito final, sino el ayudarnos a poder identificar la emoción y entonces ponerla delante del Señor como lo comentamos anteriormente.

Por ejemplo: en mi caso he luchado con un sentimiento de abandono. Cuando tenía como trece años viví fuera de mi hogar y sentí que mis padres me habían abandonado. Esa herida la he tratado muchas veces, pero en ocasiones todavía soy sensible a eso. Kris y yo hemos conversado y orado juntos sobre esto. Lo hemos puesto delante del Señor, y yo, en particular, lo he expuesto a varios pastores que son parte de mi cobertura espiritual para que me ayuden a identificar y a sanar por completo esa herida. Esta herida viene de un sentimiento de abandono principalmente por parte de mi papá. Ya lo he perdonado y caminado mucho en esto, pero ha sido un largo proceso de años. En varias ocasiones he creado historias en mi mente que no tienen nada que ver con la realidad, pero si dejo correr esa emoción puedo ir a lugares muy lejanos y oscuros. Hoy en día puedo identificar esa emoción, y la puedo llevar a los pies del Señor cuantas veces sea necesario, ya que yo no la puedo y no la quiero cargar solo. El Espíritu Santo ha sido fiel, y cada vez me ha llevado por el camino de la liberación, la sanidad y la restauración. Gracias, Señor, por esas conversaciones espirituales contigo y con Kris.

Estoy seguro de que todos tenemos cargas emocionales que llevar al Señor. Empieza lo antes posible, porque nuestro caminar por la vida y en nuestro matrimonio será más sencillo y fácil, ya que una cuerda de tres dobleces no se rompe fácilmente.

Las conversaciones espirituales en el matrimonio tienen que ver con orar juntos y conversar acerca de las verdades espirituales que Dios nos da. Por eso es muy importante no casarnos en yugo desigual, con personas que no han recibido a Cristo como su Señor y Salvador, porque los puntos de partida espirituales serán muy diferentes y va a ser complicado ponerse de acuerdo. Aun siendo cristianos podemos tener teologías diferentes, interpretaciones diferentes sobre la Biblia, pero por lo menos nuestra doctrina es la misma: Cristo es el Salvador del mundo. Jesús ha declarado: «Yo soy el camino, la verdad y la vida [...] Nadie puede ir al Padre si no es por medio de mí» (Juan 14:6, NTV). Si estamos de acuerdo en esta verdad absoluta, por lo menos estamos en la misma página.

Podemos evaluar qué tan integrados estamos en esta comunicación espiritual cuando vemos el nivel de relación que tenemos al orar juntos. ¿Nos sentimos libres de poder orar y adorar al Señor en un mismo espíritu? ¿Cuánto nos apoyamos el uno al otro en nuestras luchas espirituales.

¿Oramos el uno por el otro? ¿Leemos y compartimos la Palabra de Dios juntos, y hablamos del mensaje que recibimos de parte de Dios en nuestro tiempo a solas con él? ¿Podemos compartir abiertamente lo que aprendimos el domingo en la iglesia? Hablar de las convicciones y revelaciones que el Espíritu Santo trae a nuestros corazones es muy importante. Y animarnos el uno al otro a buscar el rostro de Dios en oración y ayuno. Todas estas cosas nos dan una idea clara de qué tan profunda es nuestra comunicación espiritual, si es que existe.

Es fácil desanimarnos cuando vemos que quizás estamos muy lejos de tener realmente una comunicación espiritual vibrante. Este tipo de comunicación requiere enfoque y ser intencionales. No es algo que se va a dar naturalmente, ya que nuestra humanidad nos aleja de las cosas espirituales porque confrontan nuestra vida y exponen nuestro corazón y pecado. Y es por eso que nos podemos sentir incómodos al compartir con nuestra pareja nuestra espiritualidad. Si empezamos a tomar un tiempo para orar juntos, leer la Biblia, y compartir lo que el Espíritu Santo nos está hablando individualmente y como pareja, comenzaremos a experimentar algo sobrenatural que nunca imaginamos. Podremos empezar a caminar sobre las aguas de nuestras circunstancias y diferencias y veremos que para Dios no hay nada imposible. Lo único que nos corresponde hacer es tomarnos de las manos y poner nuestros ojos en Jesús, y él perfeccionará nuestra fe día a día. Seremos más como él y de nuestro corazón brotarán fuentes de agua viva y ¡nuestra comunicación será divina!

CAPÍTULO 6

Resolución de conflictos

«Por lo tanto, si presentas una ofrenda en el altar del templo y de pronto recuerdas que alguien tiene algo contra ti, deja la ofrenda allí en el altar. Anda y reconcíliate con esa persona. Luego ven y presenta tu ofrenda a Dios».

MATEO 5:23-24 (NTV)

EL TENER DIFERENCIAS Y CONFLICTOS NO ES REALmente el problema; el no resolverlos sí lo es. Todos tendremos conflictos con otras personas porque somos humanos e imperfectos, egoístas y buscamos lo nuestro. Pero Cristo nos invita a ser más como él, manso y humilde de corazón. El matrimonio no es la excepción. La realidad es que tendremos diferencias y conflictos con nuestro cónyuge. La mayoría son desacuerdos que si no aprendemos a resolverlos pronto se pueden salir de control y convertirse en una crisis que nos llevará a pecar contra nuestra pareja y ofender a aquel que tanto amamos.

En este capítulo veremos los tipos de conflictos más comunes y también cómo resolverlos. Recuerda que Dios quiere bendecir tu matrimonio, y aprender a resolver conflictos es una forma de caminar en su bendición. Jesús dijo: «Les he dicho todo lo anterior para que en mí tengan paz. Aquí en el mundo tendrán muchas pruebas y tristezas; pero anímense, porque yo he vencido al mundo» (Juan 16:33, NTV). Esto quiere decir que aunque tengamos situaciones difíciles en este mundo, incluyendo conflictos relacionales, Jesús tiene la solución.

Puedo recordar varios conflictos que Kris y yo hemos tenido que se convirtieron en crisis. En verdad, podemos decir que es un milagro que hoy estemos juntos después de más de veinticinco años de casados. Pero el milagro realmente radica en que hemos aprendido a resolver nuestros conflictos. Puedo compartir que entre más dejamos el conflicto sin resolver, más grande se hace el problema. Pero si tomamos acción y ponemos en práctica lo que Dios nos enseña en su Palabra, rápidamente saldremos del conflicto, la restauración llegará y encontraremos nuevamente la paz.

Recuerda que en este libro estamos hablando de un matrimonio divino, donde la presencia de Dios se manifiesta y él dice que donde hay unidad y paz, él está en medio de nosotros (Salmo 133). Por esa razón el enemigo insiste en separarnos como pareja, plantando semillas de discordia en nuestros corazones que más adelante se convertirán en una raíz de amargura. La discordia normalmente empieza con un punto de vista diferente que no manejamos de manera correcta, y que luego se convierte en un conflicto que puede llegar a ser una crisis en nuestro matrimonio. Es como una bola de nieve que va creciendo y tomando fuerza, y si no la paramos a tiempo aplastará todo en su camino. Vamos a ver cómo parar ese ciclo tan dañino, empezando con entender que son las diferencias, los conflictos y las crisis.

Las diferencias: Son la percepción de algo desde otro punto de vista, (el vaso medio lleno, o medio vacío). Cada persona procesa la información recibida diferente y toma decisiones de acuerdo a ella. Tener diferencias no significa tener conflictos.

Los conflictos: Las diferencias que se convierten en conflictos son aquellas que cada vez que se tocan acaban en un problema no resuelto. Es cuando no logramos entender o ponernos de acuerdo o no respetamos nuestras diferencias y queremos forzar a la otra persona a someterse a nuestro punto de vista.

Las crisis: Los conflictos que se convierten en crisis son aquellos que cuando se tratan de resolver siempre se salen de control y acaban en un pleito fuerte verbal y/o físico y resulta en separación emocional y a veces separación física.

Recordemos que la meta del diablo es que haya separación y contienda; la de Dios es que haya unidad y paz. Hay una lucha constante en nuestra alma por decidir qué vamos a hacer: ¿nos dejaremos llevar por nuestras emociones o las someteremos a nuestra voluntad? Algo que hemos aprendido Kristen y yo es que **nuestras emociones fueron hechas para seguir a nuestra voluntad y no nuestra voluntad a nuestras emociones.** La mayoría de los matrimonios hoy viven por emociones; *siento que lo amo, siento que no la amo, siento celos, me siento triste hoy, me siento alegre...* y podemos añadirle muchos otros sentimientos. El punto aquí es que podemos sentir muchas cosas, pero hay que decidir cuál va a ser nuestra verdad. Hay que mantener las emociones bajo control. Si dejamos que ellas tomen el control de nuestra vida, entonces viviremos una montaña rusa y nuestra relación se verá afectada.

Cuando nos damos cuenta de que nuestras emociones se han salido de control, debemos de tomar un momento para recapacitar y pedir perdón a Dios y a nuestro cónyuge por haber perdido el control. No existe tal cosa como *tú me haces enojar*. Todos somos responsables de nuestras acciones y decisiones. Si decidimos pedir perdón o perdonar, entonces estaremos en el camino a la restauración. «Cuando se perdona una falta, el amor florece, pero mantenerla presente separa a los amigos íntimos» (Proverbios 17:9, NTV). Sé por experiencia que perdonar o pedir perdón no es fácil, pero siempre tenemos un instante para decir «¡Basta!» y tomar control de nuestras emociones. Y cuando no lo hacemos pagamos las consecuencias muy caro.

Puedo recordar conflictos en nuestro matrimonio que se convirtieron en crisis, temas intocables que en cuanto se tocaban todo el ambiente cambiaba y el día terminaba muy mal. Nos dejábamos de hablar por varias horas o tomábamos una actitud indiferente el uno hacia el otro (especialmente yo), y en ocasiones por varios días. Me hacía el ofendido. Kris me preguntaba:

—¿Qué tienes?

—Nada —yo respondía.

—¿Vas a seguir enojado? —me preguntaba Kris.

—No estoy enojado —yo respondía.

—¡Pues, no te ves muy contento que digamos!

Puedo ver mi actitud en esos momentos como la de un niño herido que no quiere hablar o ser tocado, pero que por dentro desea aprobación y amor.

En otra ocasión Kristen y yo iniciamos una conversación con algunas diferencias de opinión, que se convirtió en un conflicto que estaba escalando rápidamente y podría llegar a ser una crisis. Me di cuenta de la situación y dije: «Momento... paremos esto. Ya se parece a la telenovela con María Kristina del Rincón y Luis Alfonso de Zaragoza». Hubo unos segundos de silencio, y de repente nos echamos a reír. La mecha de discordia fue apagada. Por la gracia del Espíritu Santo pudimos ver al diablo tratando de dividirnos, pero decidimos hacerle frente y decir: *¡Basta! aquí no vas a hacer de tus artimañas*. Nos abrazamos y nos quedamos callados por un momento, y luego empezamos a orar pidiendo al Señor su ayuda. Nos humillamos ante él, pidiendo perdón por dejar nuestras emociones salirse de control, y resistimos todo sentimiento y espíritu de división, ira, contienda, etc. La Palabra dice que el enemigo tiene que huir de nosotros: «Así que humíllense delante de Dios. Resistan al diablo, y él huirá de ustedes» (Santiago 4:7, NTV). Terminamos la oración, pidiéndonos perdón el uno al otro por ofendernos y seguimos adelante. Hoy nos damos cuenta de que no hay conflicto que no podamos resolver antes de que llegue a una crisis. «Si Dios está a favor de nosotros, ¿quién podrá ponerse en nuestra contra?» (Romanos 8:31, NTV).

El enemigo de nuestras almas ha desarrollado una astucia para escribir telenovelas en nuestras vidas y quiere hacer un drama de todo. Kris y yo hemos decidido que él no escribirá el guion de nuestra historia. ¡Dios tiene la última palabra! En esos momentos cuando los ánimos están alterados es mejor ya no hablar y guardar silencio, ya que cada palabra que sale de nuestra boca el enemigo puede usarla en nuestra contra. No sé si te ha pasado, pero cuando queremos resolver un conflicto sin la ayuda del Espíritu Santo, solo se empeora, ya que realmente lo que queremos hacer es defender nuestro punto de vista.

Somos seres emocionales y las palabras e imágenes nos afectan profundamente. Y es por eso que las películas tienen tanto éxito, porque mueven nuestras emociones, aunque sabemos por el guión que muchas de ellas no provienen de una historia real. Así pasa con los conflictos; mueven nuestras emociones, aunque sabemos que no todo lo que estamos sintiendo en ese momento es verdad.

Para resolver un conflicto se necesita querer resolverlo. Esta es la parte que nos corresponde a nosotros. Muchos matrimonios están hoy en crisis porque no están dispuestos a resolver los puntos de conflicto. **Un matrimonio divino no es un matrimonio perfecto, sino un matrimonio dispuesto a caminar por el proceso de liberación, sanidad y restauración.** Como ya lo hemos comentado, Dios nos quiere usar para bendecir y complementar a nuestra pareja. Sí, somos diferentes, pero eso es una bendición como Kristen lo explica en el capítulo de «Nuestras diferencias son nuestras fortalezas». Sabemos que no podemos evitar tener puntos de conflicto, pero en vez de dejar que lleguen a una crisis, ¿por qué no mejor enfocarnos en resolverlos? Cuando resolvemos nuestros conflictos aprendemos a amar sin condiciones, ya que las dos partes ceden. Dios es muy sabio y por eso el matrimonio es para toda la vida. Él sabía que para muchos de nosotros nos llevaría años aprender a amar incondicionalmente.

El primer paso para resolver un conflicto es morir a uno mismo; no es que la otra persona cambie para que yo esté feliz, sino que los dos muramos a nuestros deseos egoístas e ideas intransigentes.

En otra ocasión Kristen y yo tuvimos un conflicto fuerte que ya estaba en una crisis. Me salí de la conversación y la dejé hablando sola (algo que no debería de haber hecho), entré a mi cuarto y le dije a Dios: «Yo soy así. ¿Qué puedo hacer...?». Escuché en mi corazón que Dios me decía: *Pues, cambia.* Yo le contesté: «Es mi personalidad. ¿Cómo puedo cambiar eso?». Él contestó: *Tú puedes tener la personalidad de Jesús por medio del poder del Espíritu Santo.* (No estoy diciendo que Dios me dijo que yo soy Jesús. Me dijo que puedo ser como Jesús. En otras palabras, yo podía parecerme a él, siendo manso y humilde de corazón). Le pregunté: «Padre, ¿cómo puedo hacer eso?». Entonces me contestó: *Pídemelo de todo tu corazón.* En esos momentos me incliné delante de Dios y le pedí que me ayudara a ser más como él. Ha sido todo un proceso el que he caminado, y aún sigo caminando, pero cuando veo hacia atrás, veo un avance real. En Cristo podemos ser más que vencedores, y digo *podemos* porque, aunque la Escritura dice que *somos* más que vencedores, hay una condición. La condición es si nosotros estamos dispuestos a cambiar y dejar que su personalidad tome control de la nuestra por medio de su Espíritu. Puedes pensar que esto suena irrealista o demasiado espiritual, o como nosotros decimos «espiritualoide», pero recuerda que un *matrimonio divino* es sobrenatural porque la persona de Jesús está en medio de nosotros.

Como vimos, hay formas de evitar una crisis, pero creo que la clave está en resolver pronto el conflicto. Si no se resuelve estaremos regresando constantemente a momentos de crisis. Hay un proceso sencillo (pero no fácil) para resolver conflictos que hemos visto que funciona bien. Normalmente, los conflictos se crean por la falta de comunicación o la comunicación incorrecta sobre el asunto. Así que si tomamos el tiempo para comunicarnos correctamente, la posibilidad de resolver el conflicto o avanzar en el tema puede ser muy alta.

Una buena comunicación en el matrimonio es cuando podemos expresar nuestros pensamientos o sentimientos de una manera que la otra persona los pueda entender y los reciba correctamente sin malas interpretaciones. Y también es saber escuchar con paciencia y humildad para recibir dirección y corrección. Para lograr esto debemos llevar a cabo lo que se conoce como una conversación valiente.

¿Cómo se lleva a cabo una conversación valiente?

- Busca el momento adecuado para hablar de cierto tema. Habla con tu pareja y coméntale que te gustaría tener una cita especial para hablar del asunto. Checa tu motivación y actitud. Tu intención debe de ser el resolver el conflicto y no ganarlo. Si tu pareja está de acuerdo, busquen el día y el lugar apropiado. Es mejor hacerlo en privado y en la casa que en un lugar público. Si tienen niños háganlo cuando no estén o cuando estén dormidos. Escojan un momento cuando no estén cansados, o hayan tenido un mal día de trabajo. Quiten cualquier distracción como la televisión o los medios sociales. Un viernes por la noche o un sábado por la mañana podrían ser una buena opción.
- Oren antes de empezar y pídanle a Dios su ayuda para poder escuchar con un corazón sensible.
- Decidan antes de empezar que están dispuestos a cambiar su manera de pensar si tiene sentido y es agradable a Dios.
- Hablen solamente de un tema a la vez.
- Escojan quien va a hablar primero.
- Enfóquense en el problema y en el comportamiento y no en la persona y el carácter, por ejemplo: me frustra que dejes tu ropa en el piso. En lugar de decir: *tú eres un flojo y desordenado al hacer eso.*
- Escribe tus pensamientos primero, si es posible, para no andar dando vueltas al asunto y decir cosas que no eran la intención.

- No se interrumpan cuando estén hablando. Deja que uno de los dos termine su pensamiento.
- No exageren el tema. Muchas veces cuando empezamos a hablar exageramos las cosas y hacemos sentir mal a la otra persona.
- No se defiendan. Deja que el tema se exprese y cuando sea tu turno puedes exponer tus puntos de una manera tranquila.
- No acuses a tu pareja por hacer o no hacer tal cosa. Lo importante es solo poner las cosas sobre la mesa.
- No usen palabras como: nunca, siempre, separación, divorcio, tú eres... ya no te aguanto, no te soporto, te odio, etc.
- Usa palabras como: Yo me siento así cuando... Me parece que... Quisiera entender cómo... Perdóname si... Lo que entiendo que me estás diciendo es que... Te amo y quiero entender tu corazón.

En este tipo de conversación se vale reír, llorar y callar. Pero no se vale ser sarcástico, gritar, humillar, etc. Si por alguna razón el tema no se resuelve en ese momento, hagan una pausa, oren al respecto estando abiertos a lo que el Espíritu Santo quiere mostrarles referente a ese tema, y vuelvan a abordarlo en otra ocasión.

Las conversaciones valientes llevadas acabo con respeto y limites, son de gran bendición porque abren la puerta a la sana comunicación. Hagan la prueba y verán los buenos resultados que da.

Recordemos que nuestras batallas no son con nuestra pareja, sino con un enemigo que quiere destruir nuestra unión divina, ya que representa el reino de Dios aquí en la tierra.

> «La batalla que libramos no es contra gente de carne y hueso, sino contra principados y potestades, contra los que gobiernan las tinieblas de este mundo, ¡contra huestes espirituales de maldad en las regiones celestes!» (Efesios 6:12, RVC).

Pero recordemos que en Cristo somos más que vencedores. Tener conflictos en el matrimonio es inevitable, pero si somos intencionales en resolverlos, ganaremos la batalla y mantendremos la paz y la unidad.

CAPÍTULO 7

Finanzas sanas

«La bendición del Señor enriquece a una persona y él no añade ninguna tristeza».

Proverbios 10:22 (NTV)

EL TEMA DEL DINERO ES UNO DE LOS MÁS IMPORtantes en un matrimonio. Sin embargo, poca atención se le da, hasta que acaba en un conflicto. Este capítulo es extenso, pero es un manual claro y detallado de cómo manejar nuestras finanzas. Te animo a que lo estudien como pareja, ya que les puede cambiar la vida como lo ha hecho con Kristen y conmigo. Nosotros somos testigos vivos de lo que aquí compartimos. Quizás no toda la información se aplique a tu situación actual, pero tenla como una guía para tus finanzas. Hablaremos del valor del dinero y de qué tan importante es tener orden en nuestras finanzas. También comentaremos sobre las leyes naturales y espirituales que Dios nos ha dejado en su Palabra para bendecirnos y darnos la capacidad financiera de bendecir a otros. A través de nuestra vida personal y después de estar en consejería con muchas parejas, hemos descubierto que este tema es central para el éxito del matrimonio. De hecho, hay estadísticas que indican que los problemas con el dinero son una de las causas principales del divorcio.[7] La bendición y la paz que vienen al tener finanzas sanas puede marcar la gran diferencia entre un matrimonio divino y una estadística más de fracaso. Te animo a terminar el capítulo completo porque definitivamente será de gran bendición. Así que escoge un lugar cómodo para leer, una taza de café y entremos en el tema.

El dinero debe ser un instrumento para poder suplir nuestras necesidades y también para bendecir a otros. En otras palabras, es solo un medio y no el fin. Hoy en día el dinero parece tomar el lugar central del hogar de muchos matrimonios. Si yo preguntara en alguna reunión o grupo de parejas si el dinero es el centro de su matrimonio, la mayoría, si no todos, dirían que no. Pero analicemos esto más en detalle.

Veamos cómo viven hoy la mayoría de las parejas. ¿Qué es lo que más los tiene mortificados? *La falta de dinero.* ¿En qué invierten la mayor parte de su tiempo? *En trabajar para ganar dinero.* ¿Cuál es el tema de que más se habla en la mayoría de las casas? *¿Qué vamos a comprar o qué vamos a pagar?* ¿Cuál es uno de los problemas más grandes entre

7. Money Ruining Marriages in America: A Ramsey Solutions Study, https://www.daveramsey.com/pr/money-ruining-marriages-in-america#https://.

las parejas? *Las deudas.* ¿Cómo se representa el éxito normalmente en una familia? *Por el patrimonio y los recursos que se tienen o que se muestran.* ¿Qué es lo que mantiene a muchas parejas juntas el día de hoy? *La falta de dinero o el tener mucho dinero.* Hay parejas que no quieren estar juntos, pero no se pueden separar porque los dos deben mucho y no pueden solventar los gastos y las deudas por separado. También hay parejas que tienen bastantes posesiones y no están dispuestos a separarse y perder el ingreso, control o estatus que su posición económica les ofrece.

Si somos realistas el dinero ha tomado el control en la mayoría de los hogares. Y debe ser al revés... nosotros debemos tener control sobre el dinero. Dios en su Palabra nos advierte acerca del amor al dinero: «Pues el amor al dinero es la raíz de toda clase de mal; y algunas personas, en su intenso deseo por el dinero, se han desviado de la fe verdadera y se han causado muchas heridas dolorosas» (1 Timoteo 6:10, NTV).

Realmente no importa cuánto dinero tienes; si todo en tu vida gira alrededor del dinero, entonces posiblemente tu corazón está enganchado/enamorado de él. Si crees que algo de lo que estoy comentando es verdad, detente y toma un momento para meditar en ello ya que te puede ahorrar mucho dolor, tiempo, esfuerzo y *dinero.*

Como un *matrimonio divino* bajo la bendición de Dios, no debemos de pasar por alto el manejo correcto de las finanzas. Dios nos muestra claramente qué tan importante es el dinero al evaluar nuestro corazón y sus deseos: «Donde esté tu tesoro, allí estarán también los deseos de tu corazón» (Mateo 6:21, NTV). Esto quiere decir que donde gastamos e invertimos nuestro dinero, ahí es dónde está el corazón. **Algo que he aprendido es que no necesitamos sentir algo para hacerlo, pero si lo hacemos lo vamos a sentir.**

Permíteme explicarme. Si no tengo ningún interés por las motocicletas, pero un amigo me invita a ver una carrera de motos y empiezo a invertir mi dinero en revistas, información, eventos de motos, etc., al pasar el tiempo lo más probable es que voy a comprar una motocicleta. Mi deseo por saber más e invertir más en cosas de motocicletas irá aumentando. Empezaré a dar prioridad a este nuevo pasatiempo o deporte, y mis tiempos y prioridades cambiarán. ¿Por qué? Porque he decidido invertir mi dinero en lo que me interesa, y donde invierto mi dinero mi corazón lo seguirá.

Por eso hay que ser muy sabios en este tema. Si nos descuidamos podemos caer en la famosa y conocida «carrera de la rata», donde podemos pasar nuestra vida entera persiguiendo un sueño de estabilidad financiera y nunca alcanzarlo, ya que sin un plan claro de cómo hacerlo será imposible lograrlo. Hoy día trabajar duro no es suficiente, pero trabajar sabiamente nos ayudará a tener control y tomar decisiones correctas. Hay muchas personas que trabajan arduamente para construir un patrimonio; algunos lo logran pero a un precio bastante alto. Desafortunadamente, su salud se ve afectada, las relaciones con los hijos son disfuncionales por la falta de tiempo, y la relación conyugal se va deteriorando por el exceso de trabajo, el distanciamiento y el estrés. Otras parejas nunca alcanzan ese sueño financiero. En cualquiera de los casos los *sueños e ilusiones* se pueden convertir en *una pesadilla.*

Durante muchos años en nuestro matrimonio sabíamos que algo no estaba bien con nuestras finanzas. Algunas veces estábamos arriba y otras veces abajo. Era una lucha constante el poder sobrevivir y simplemente cubrir nuestras necesidades básicas. Manejábamos el dinero de una manera diferente: Kristen quería ahorrar y yo quería gastar. Esa diferencia era un punto de mucho conflicto en nuestra relación.

Después de unos años y de mucho trabajo, logramos tener un ingreso más importante que antes, ya que el negocio que teníamos empezó a prosperar. Pensábamos que eso iba a solucionar nuestros conflictos en cuanto al dinero. Sin embargo, algo que aprendimos es que no te hace rico lo que ganas, sino lo que gastas. Aunque ganábamos más, nuestros hábitos de gasto no cambiaron, y al no tener control de las finanzas, vivíamos en un desorden financiero.

Dios es un Dios de orden

Cuando vivimos en desorden no podremos encontrar la abundancia que Jesús promete en Juan 10:10. Esta abundancia a la que él se refiere, en mi opinión, es *la paz*. Nada es más importante que la paz en el matrimonio, y para lograr eso debemos tomar control de las áreas que están en desorden, pero en especial el dinero. ¡Dios bendice el orden y no el desorden! Si tenemos control y orden con el dinero que recibimos, podremos entonces vivir una vida próspera en esta área. Y una vida financieramente próspera es tener lo suficiente para cubrir todas nuestras necesidades y siempre tener algo adicional para ayudar a los demás.

Dios quiere que como matrimonio representemos su reino aquí en la tierra correctamente, y una forma de hacerlo es ser solventes económicamente ya que trae paz al hogar. Dios no tiene problema con el dinero. Como lo comentamos, el dinero es un instrumento solamente. Los que tenemos el problema somos nosotros cuando hacemos del dinero un dios y todo gira alrededor de él. Para tener orden en nuestras finanzas debemos de aprender a poner en práctica las leyes naturales y las leyes espirituales que existen dentro del reino de Dios (Más adelante veremos estas leyes).

Después de muchos descalabros, problemas, llanto, oración y humillación, llegué a la conclusión de que yo no tenía el control sobre el dinero. El dinero me tenía bajo su dominio, y mi matrimonio y familia sufrieron tremendas pérdidas por esta razón. Recuerdo momentos muy difíciles en nuestra vida con este tema. Perdimos el negocio, la casa, los autos, amistades y sobre todo la paz. Yo recuerdo estar delante de la presencia del Señor en oración y preguntar: ¿qué está pasando, Dios? Yo te amo y todo lo que hago lo hago para ti (eso pensaba yo en ese momento). Soy un hombre de familia, fiel a mi esposa, no tengo vicios, sirvo en la iglesia, ¡es más, hasta líder soy! Me considero un hombre trabajador, diezmo y ofrendo continuamente. No entiendo por qué... ¿Por qué estoy en esta mala situación financiera?

Recuerdo como si hubiera sido ayer el escuchar al Espíritu Santo hablando a mi corazón diciéndome: *Tienes un desorden financiero. Yo no puedo bendecir el desorden. Yo he creado leyes naturales y espirituales para que tengan paz financiera, pero tú las has roto y estás sufriendo las consecuencias. Si estás dispuesto a caminar un proceso, yo te puedo enseñar cómo puedes vivir una vida de bendición.* Y claro que mi respuesta fue: ¡sí quiero!

Cuando tocas fondo por supuesto que cooperas, como dicen algunos... ¡flojito y cooperando! Kristen y yo iniciamos un nuevo plan de acción, donde seguiríamos las leyes (principios) que el reino de Dios indica. Para mí fue una revelación el entender que el orden de los factores sí afecta el resultado en las leyes del reino respecto al dinero. No podemos tener desorden en las finanzas y esperar que Dios nos prospere. Este proceso de orden financiero nos ha llevado varios años para poder estabilizar nuestras finanzas y seguir adelante. Quizás tú como yo no tuviste mucha información y educación sobre el dinero. Es como el tema del sexo en la casa con los hijos. Se habla poco, pero todos creen que saben. Con el dinero es igual. Todos creen que saben todo lo que hay que saber sobre el dinero porque lo usan constantemente, pero pocos lo entienden o hablan sobre el tema. Incluso en las escuelas se comenta poco al respecto. El no ser correctamente educados financieramente ha traído muchos conflictos en los matrimonios.

Nuestro deseo es que tú y tu matrimonio gocen de la bendición y de la libertad financiera para poder vivir una vida de paz. Cuando hablo de libertad financiera, no estoy enfatizando que debemos tener mucho dinero para hacer lo que queramos y no sentir restricción alguna al comprar o gastar. A lo que me refiero con libertad financiera es el poder tener la libertad de no vivir bajo la esclavitud de las deudas y compromisos que al momento parecen manejables pero con el tiempo se convierten en cargas pesadas que quitan el gozo y roban la paz. Por ejemplo: veamos un escenario con el tema de adquirir un auto nuevo. (Usaremos los siguientes nombres en sentido figurado). Raúl y Claudia se casaron hace un par de años, y se juraron amor para toda la vida en las buenas y en las malas, en la salud y en la enfermedad, en la riqueza y en la pobreza, etc. Ahora ellos tienen dos trabajos y un bebé, y la necesidad de comprar un nuevo auto está empezando a presionar sus vidas. Hablan al respecto y se dan cuenta de que no están en la posición de comprarlo. Pero aún así van a la agencia de autos a «ver solamente qué hay», y una hora después salen con un auto nuevo... ¿Qué pasó? Cayeron en la trampa: *Cómprelo ahora, páguelo después. ¡El que nada debe nada tiene!* Al momento se emocionaron y sintieron una felicidad inmediata. El olor a tela o piel nueva, el color, la imagen, etc. Todo parecía perfecto, hasta el beso en los labios de la emoción. ¡Guau, un auto nuevo! Parece un sueño... Seis meses después, el auto se convirtió en un problema, ya que los pagos están fuera de su capacidad económica. No estaba en el presupuesto (¡si es que había uno!), y la presión de tener que trabajar más trae estrés a sus vidas y a su matrimonio. El cansancio por el trabajo los hace ser menos tolerantes a los hijos y sus necesidades, lo que hace que ahora la tensión en el matrimonio suba, y cuando el dinero falta en la casa el amor se va por la ventana, y todo por un auto nuevo.

Quiero explicar que el comprar un auto nuevo no está mal, y no debería de ser un problema, si tenemos el ingreso suficiente para comprarlo. Pero en ocasiones tenemos un desorden financiero y no sabemos si en verdad tenemos la capacidad de comprarlo o no. La emoción del momento y la astucia del vendedor nos orillan a tomar una decisión de la que después nos podemos arrepentir. **Las presiones externas afectan la paz interna.** La pregunta recurrente en el ejemplo anterior es: ¿deberían de haber comprado el auto o no? Todo depende de tres cosas:

1. Tener orden financiero. Conocer tus ingresos y tener un presupuesto para ver si el pago de contado o mensual de un auto está dentro del porcentaje que pueden pagar.
2. Considerar si esta decisión va a traer estrés, robar la paz o verdaderamente traerá una solución a un problema real.
3. Si es el tiempo correcto para hacerlo. Es importante pedir consejo a otras personas que nos puedan ayudar a tomar una buena decisión.

En muchas ocasiones ignoramos estos pasos y traemos una presión externa innecesaria a nuestro matrimonio que roba nuestra paz. Te animo a considerar estos pasos antes de ir a la agencia de autos *a ver solamente*.

Ahora hablemos de estos principios o leyes que son muy importantes. Comencemos por las *leyes financieras naturales*.

Estas son leyes básicas que la mayoría de la gente conoce, pero que pocos las aplican.

Leyes financieras naturales

Trabajar con integridad
Tener un presupuesto
Ahorrar
Invertir

Trabajar con integridad

Todo empieza con ser responsables con nuestro trabajo y/o negocio poniendo orden y disciplina. Trabajar con integridad es número uno en la lista de las *leyes financieras naturales*. Este punto es sumamente importante, ya que el ser honestos en nuestros trabajos nos da las bases para tener la certeza que estamos representando el reino de Dios correctamente. Como pareja podemos hablar de cómo ser mejores empleados o empresarios, cómo podemos ayudar a la empresa o a las personas y clientes que trabajan con nosotros. Detalles sencillos como llegar a tiempo al trabajo, terminar con la responsabilidad que nos corresponde, cuidar los recursos que se nos dan para llevar a cabo la labor que desempeñamos, etc.

Es bueno tener conversaciones de pareja sobre los trabajos y/o negocios que tenemos. Preguntarnos cosas como:

¿Crees que estás siendo responsable con tu trabajo?

¿Estás trabajando honestamente?

¿Eres un buen ejemplo para aquellas personas que colaboran contigo?

¿Tienes presente al Señor Jesús en tus decisiones laborales y de negocios?

¿Estás manejando bien el dinero que recibes como compensación de tus labores o negociaciones?

Este tipo de preguntas nos ayudan a dar cuentas de nuestra vida a nuestra pareja. Muchos matrimonios dejan el área laboral y de negocios totalmente independiente a su relación matrimonial. Creo que esto es un error, ya que en muchos casos es donde más tiempo invertimos. Dale la oportunidad a tu pareja de hablarte en estas áreas. Escucha sus recomendaciones y oren al respecto. Recuerda que dos son mejor que uno. Al platicar de esto debemos de ser cuidadosos y tomar un tiempo específico para compartir el uno con el otro sobre estas áreas. No ser críticos es muy importante. Con humildad podemos ser compasivos y eso nos ayudará a ver las cosas desde una perspectiva bíblica.

Dios nos habla constantemente de tener balanzas justas. Es una ley espiritual poderosa. Muchos la conocen como *La regla de oro*. «Haz a los demás todo lo que quieras que te hagan a ti. Esa es la esencia de todo lo que se enseña en la ley y en los profetas» (Mateo 7:12, NTV). Si no somos íntegros en esto, vamos a sufrir pérdida porque le estamos permitiendo al enemigo una entrada legal para robarnos financieramente. Piensa y medita en esto. Cierren cualquier puerta que esté abierta por causa de la falta de integridad.

Tener un presupuesto

El presupuesto es el esqueleto de nuestra administración en el hogar. Si no tenemos uno no vamos a saber cuánto dinero llega a nuestro hogar y a dónde se va. Hacer un presupuesto y llevarlo a cabo no es fácil y mantenerlo conlleva disciplina. Todo empieza con hacer una lista de gastos. Como un dato interesante, más del 80 % de los matrimonios de hoy en los países desarrollados no tienen un presupuesto. Algunos manejan una lista de gastos, pero eso no es lo mismo que un presupuesto.

Durante años Kristen y yo no teníamos un presupuesto. Lo intentamos varias veces, pero lo más cercano que pudimos llegar a un presupuesto fue una lista de gastos. Mi pensar era si no me alcanza, ¿para qué hacer uno? Solamente me frustro. Y si tengo lo suficiente, ¿para qué hacerlo si puedo comprar lo que quiero? Kristen constantemente me preguntaba cuando queríamos o necesitábamos comprar algo: «¿Está en el presupuesto?». Mi respuesta era: «*Sí lo necesitas cómpralo... ya Dios proveerá*». Esto causó muchos problemas entre nosotros, hasta que los dos nos sometimos a Dios, resistimos al diablo y huyó de nosotros en esta área (Santiago 5:7). Después de años encontramos un balance. Hicimos un presupuesto, y lo hemos llevado a cabo mes tras mes ya por varios años, el cual ha traído paz a nuestro matrimonio. Ahora las cosas son diferentes. Si lo que necesitamos o queremos está en el presupuesto, podemos tomar la decisión de comprarlo o no. Ya no es una lucha constante de poderes, el *señor presupuesto* nos da la pauta para tomar la decisión.

El punto aquí es que si no tenemos presupuesto somos como un barco a la deriva. Cualquier ola nos puede llevar a chocar con un arrecife. Una de las preguntas que constantemente nos hacen es cómo se hace un presupuesto. Es sencillo, pero no fácil porque requiere disciplina.

- Antes de hacer un presupuesto
- Prepárate mentalmente y ora

- Aparta un tiempo específico
- Organiza tus gastos
- Involucra a tu pareja

Una vez hecho lo anterior podemos iniciar con nuestra lista de gastos.

1. En una hoja de cálculo en la computadora o en un cuaderno, empieza a anotar cualquier gasto que se efectúe en el mes. Como pareja pueden preguntarse el uno al otro para que no se les olvide algún gasto. Recuerda, esto no es un presupuesto. Es simplemente una lista de todos los gastos pequeños y grandes que se hacen. Puedes empezar por lo que gastan en una semana, en el mes o lo que gastaron el año anterior para estimar sus gastos mensuales. Sé específico, honesto y no dejen nada afuera. Si lo hacen bien y toman su tiempo, probablemente podrán tener el 80 % terminado. El otro 20 % irá saliendo durante los siguientes días. Si hacen un gasto que no estaba en la lista, anótalo. Normalmente para tener una lista completa de gastos habrá que revisarla varias veces, porque siempre se olvida algo. (Hacer una lista no es para culpar o echarle en cara a la otra persona de por qué se hizo este gasto o aquel). Es solamente para apuntar lo que gastamos día a día. La motivación del porqué se gasta es otro tema que tocaremos más adelante.

2. Ahora apunta tus ingresos, cuánto dinero entra a tu hogar, anota todo lo que entra, y no dejes nada afuera. Este tema en muchos matrimonios es un poco delicado porque hemos visto que hay parejas que no comparten

sus ingresos o la cantidad de ellos. Unos hombres dicen: *Yo le doy para el chivo, la papa, y lo demás es mío.* Los animamos a que sean transparentes el uno con el otro. Si hacen todos los pasos que aquí describimos en este capítulo, podrán experimentar un cambio positivo. Recuerden que ustedes son uno.

3. Divide tus gastos por categorías. Aquí te doy un ejemplo:

Tabla 1

Categorías
Donativos
Vivienda
Alimentación
Transporte
Educación
Salud
Deudas
Ahorro
Vestido
Recreación y varios

Aumenta las categorías que tu creas necesarias. Esto es solamente una guía. Si tienes un negocio o trabajas por tu cuenta tendrás que aumentar una categoría para impuestos, ya que normalmente si trabajas para alguna empresa te descuentan los impuestos por adelantado.

4. Divide cada categoría entre tu ingreso para que saques el porcentaje que estás gastando en cada una de ellas.

Por ejemplo: si tus ingresos son de $3000 al mes y pagas $1000 de renta/hipoteca, divide los $1000 entre $3000 = 33 %. Esto quiere decir que del 100 % de tu ingreso, gastas el 33 % en tener un lugar para vivir.

5. Ya que has terminado de dividir todas las categorías que tienes entre tu ingreso, puedes compararlas con los porcentajes que a continuación se muestran.

Tabla 2

Categorías	Ejemplos	Porcentaje sugerido
Donativos	Diezmo	10 %
	Ofrenda	5 %
Vivienda	Hipoteca Renta Seguro	30 % - 35 %
	Servicios (Agua, Electridad, Gas)	5 % - 10 %
Alimentación	Comida Artículos de limpieza Comidas fuera de casa (restaurantes)	7 % - 15 %
Transporte	Pago de auto Combustible Seguro	10 % - 15 %
Educación	Colegiaturas Libros Uniformes	5 % - 10 %
Salud	Seguro médico Consultas médicas Medicinas	5 % - 10 %

Categorías	Ejemplos	Porcentaje sugerido
Deudas	Tarjetas de crédito Préstamos personales	5 % - 10 %
Ahorro	Inversiones Seguro para el retiro	5 % - 10 %
Vestido	Ropa Calzado	2 % - 5 %
Recreación y varios	Gustos personales Regalos para fiestas	5 % - 10 %

Estos porcentajes son solamente un ejemplo y pueden ajustarse o cambiar conforme las circunstancias cambien en su matrimonio, siempre llegando a un 100 %. Lo que se conoce como: balance cero. Un presupuesto que suma más o menos que 100 % esta fuera de balance. Por ejemplo; si están esperando un bebé habrá nuevos gastos, si cambian de casa o trabajo también esto puede afectar para bien o para mal.

Algo que sugerimos es que no sobrepasen los porcentajes de vivienda más del 35 %, transporte 15 % y alimentación 15 %. Ya que estas categorías son fijas en el presupuesto de la mayoría de las parejas, y al tener un porcentaje más alto, se desequilibran las demás categorías. Lo que se debe de tratar de eliminar son las deudas. No te acostumbres a tener deudas. Es mejor vivir en libertad que con los compromisos encima. El Señor nos dice que su yugo es fácil de llevar, pero las deudas no, porque son un yugo muy pesado.

La meta es poder hacer un presupuesto y llegar a balancearlo en ceros. Esto quiere decir que todo dinero que entre a sus cuentas tiene un destino y cae dentro de las categorías que ya describimos, y al final cuando todo está balanceado, todo ingreso debe de tener un destino. Una vez que ya tenemos el presupuesto, entonces el reto es mantenerlo mes tras mes. En mi experiencia tienes que dedicarle un tiempo específico. Yo, en particular, tomo un par de horas todos los meses para organizar el presupuesto de la casa. Examino los pagos que se tienen que hacer, y acomodo todo en su lugar. Después de esto siento una paz de que todo está en orden.

*Puedes visitar *www.exitoenlafamilia.com/presupuesto* para bajar una copia de nuestro formato sugerido de las hojas de gastos y presupuesto. También puedes adquirir el curso de Finanzas Sanas en nuestro sitio web *www.exitoenlafamilia.com.*

Ahorrar

El ahorrar es una disciplina que también se tiene que desarrollar. A muchos de nosotros nos ha costado trabajo. Como matrimonio Dios quiere llevarnos a vivir una vida de paz, y el ahorrar ayuda a traer esa paz. Sabemos que no es fácil ahorrar porque requiere sacrificio; el sacrificio de decir no a un deseo o al impulso de comprar. Hay una regla que funciona bastante bien, y es que si quieres comprar algo piensa si lo necesitas o si es solo un deseo. Si es solo un deseo esperen y platiquen como pareja si fuera una buena opción hacerlo. Si la respuesta es sí, entonces el segundo paso es ver si tienen el dinero adicional para hacerlo sin tomarlo de alguna otra categoría. Después de evaluar estos dos pasos, si el deseo por comprarlo continúa, entonces puede ser bueno hacerlo. Pero si no se cumplen los dos pasos que mencionamos, entonces sería una buena decisión esperar.

Todos podemos ahorrar con un presupuesto, ya que si se decide ahorrar un porcentaje del ingreso cada mes, entonces no hay otra opción más que hacerlo. Pongámoslo de la siguiente manera. Si tuviéramos una emergencia y tuviéramos que pagar $100 urgentemente o las cosas se complicarían, seguramente sacaríamos el dinero de algún lado, como dicen, *aun debajo de las piedras*. Así es con el ahorro. Si nos proponemos ahorrar una cantidad mensual dentro de un porcentaje realista del ingreso que recibimos y lo ponemos como una prioridad, lo vamos a lograr. Este fue nuestro caso. Durante años el ahorro no fue una prioridad en mí. Por el otro lado, Kristen siempre ahorra algo. Como dicen: *siempre tiene su guardadito*. No nos poníamos de acuerdo con esto. Pero cuando iniciamos nuestro presupuesto, lo decidimos hacer y hemos visto la fidelidad de Dios, ya que cuando hay orden todo funciona mejor.

Quiero animarlos a que como pareja inicien su ahorro lo antes posible. Tienen toda una vida para hacerlo. Empiecen hoy y verán que el mañana será más claro. Pueden iniciar con una pequeña cuenta de ahorros y poner cada mes allí el porcentaje de dinero acordado.

Un ahorro bien pensado

Pueden tener varias cuentas de ahorros, o si lo quieren hacer en casa, pueden tener varios sobres con diferentes propósitos de ahorro. Veamos algunos ejemplos: (Para los siguientes ejemplos usaremos las cantidades en dólares, pero tú puedes hacerlo de acuerdo a la moneda de tu país).

Ahorro para emergencias

Se recomienda ahorrar por lo menos de $500 a $1000 dólares o lo equivalente a una quincena de tu ingreso mensual para cualquier situación que se presente que no está en el presupuesto. Comprar una llanta nueva al auto, una visita al doctor inesperada, etc. Recuerda una emergencia no es un gusto o un deseo.

Ahorrar de 1 a 3 meses de ingresos

Una vez que ya tenemos el ahorro de emergencia, ahora el enfoque es ahorrar un mes de ingreso. Esto nos ayuda a tener tranquilidad. Ya que si por alguna razón no tenemos trabajo podemos estar tranquilos que los gastos del mes se cubrirán. Es mejor tener tres meses ahorrados, pero iniciemos con uno. Si logramos ahorrar uno, entonces estaremos motivados a seguir adelante.

Ahorros intencionales

Estos ahorros son con un objetivo en particular. Por ejemplo: ir de vacaciones; para poder comprar otro auto; o para la educación de los niños. No importa cuál sea el motivo, siempre es bueno tener uno para desarrollar la costumbre del ahorro.

Como matrimonio debemos ponernos de acuerdo en el tema del ahorro. Si lo hacemos veremos la bendición llegar. «El dinero mal habido pronto se acaba; quien ahorra, poco a poco se enriquece» (Proverbios 13:11).

Invertir

¿Cuándo es un buen tiempo para invertir? Cuando tienes el ahorro suficiente para ponerlo a trabajar para ti. Y esto puede suceder cuando no necesitas que el dinero esté disponible inmediatamente. Hay diferentes tipos de inversiones y pueden hacerse en diferentes formas. Este no es un libro de finanzas, pero puedes usar esta información para tener un entendimiento general sobre el tema del manejo del dinero y posteriormente consultar con un experto en la materia si fuera necesario.

Tipos de inversiones

1. **Cuentas de ahorro con pago de intereses o Mercado de dinero (Money Market):** estas cuentas tienen un promedio de pago de interés anual aproximado del 1.7 % a 2.5 % (EE. UU.). Si tenemos el dinero suficiente para no usarlo por algunos meses, sería sabio ponerlo en una cuenta de ahorro con pago de intereses. Es importante considerar que este tipo de cuentas tiene un cargo mensual si no tienes el saldo promedio suficiente o por manejo de cuenta. Hay que investigar primero cuánto es el saldo mínimo para mantener la cuenta sin cargos. De lo contrario sería mejor dejar el dinero en una cuenta de ahorros tradicional (sin pago de intereses), pero con la ventaja de tener el dinero disponible.

2. **Cuentas de retiro, bonos, certificados de depósito (CD), etc.:** estos son otros instrumentos financieros alternativos donde puedes invertir el dinero ahorrado para que genere interés compuesto, y que el dinero trabaje para uno mientras está guardado.

3. **Acciones en los mercados de valores:** en términos coloquiales, este tipo de inversión significa comprar acciones de empresas públicas que cotizan en la bolsa de valores, y que venden una fracción de ellas a través de títulos accionarios. Es una buena opción de inversión; sin embargo, el riesgo es más elevado, ya

que así como se puede ganar más dinero, también se pierde si el valor de la empresa sube o baja.

4. **Bienes raíces:** esta es una de las más antiguas formas de inversión. El comprar propiedades, ya sea para tenerlas como activos, revenderlas o rentarlas.

5. **Oportunidades de negocios:** las oportunidades de negocios siempre están a la mano. Nunca falta que se nos *prenda el foco* o que alguien nos presente una oportunidad de negocio. Yo recomiendo evaluar detalladamente si en verdad es una buena opción. Podemos invertir nuestros ahorros y esfuerzo de muchos años en solo «buenas ideas», sin que necesariamente represente un buen negocio. Un buen negocio conlleva planeación, orden y presupuestos claros. Pide la opinión de otras personas y, sobre todo, no te dejes presionar, ya que oportunidades de negocio siempre hay. En muchos casos es mejor tener el dinero ahorrado que invertirlo en un mal negocio.

Nota importante: prestar dinero y cobrar intereses a un hermano en Cristo o familiares no es invertir. Recuerda que cuando prestas dinero y cobras intereses, la persona se convierte en esclavo del acreedor. «Los ricos son los amos de los pobres; los deudores son esclavos de sus acreedores» (Proverbios 22:7).

«No cobres intereses por los préstamos que le hagas a otro israelita, sea que le prestes dinero, alimento o cualquier otra cosa. Puedes cobrar intereses a los extranjeros, pero no les cobrarás a los israelitas, para que el Señor tu Dios te bendiga en todo lo que hagas en la tierra donde estás a punto de entrar y que vas a poseer» (Deuteronomio 23:19-21, NTV). Permíteme explicar este versículo: si tú eres creyente y has puesto tu fe en Cristo, eres un hermano o hermana de otros creyentes, ya que nuestro Padre celestial es Padre de todos aquellos que han puesto su fe en Jesús, el Salvador del mundo. Así que en el versículo anterior cuando dice «*a otro israelita*» se está refiriendo a la familia de Dios. Para terminar este punto, creo que es mejor no prestar dinero. Si alguien tiene necesidad y tú estás en la posición de ayudar, es mejor dárselo como una ofrenda de compasión que tener una relación tensa por cuestiones de dinero.

Como pudimos observar, todas las inversiones anteriormente mencionadas pueden ser una buena opción, pero definitivamente comienzan con el ahorro. Recuerda, no te hace rico lo que ganas sino lo que gastas. En otras palabras, podemos ganar mucho o poco dinero, pero si lo gastamos todo jamás podremos ahorrar e invertir. Y estaremos toda nuestra vida trabajando para recibir dinero y no experimentaremos la bendición de que el dinero trabaje para nosotros cuando lo invertimos sabiamente.

Leyes financieras espirituales

Ahora veamos las *leyes financieras espirituales*. Este es uno de los temas más cercanos a mi corazón, ya que he entendido lo poderosas que son estas leyes. Dios nunca se equivoca, y cuando nos deja instrucciones sobre algo, es siempre para nuestro bien.

En el matrimonio este tema no se habla normalmente. Es un tema incómodo que pocos quieren tocar, ya que se trata de dar. Todos conocemos el dicho *es mejor dar que recibir,* pero normalmente no vivimos así. Por ejemplo, un niño siempre le cuesta más trabajo compartir un juguete que recibir uno. Nuestra naturaleza humana es egoísta. Y cuando nos casamos, tarde o temprano nos vamos a topar con este tema del dar a los demás. La generosidad está basada en agradecimiento, compasión y gozo. Está ligada al corazón. Para dar se necesita corazón. Dios habla en su Palabra que donde está nuestro tesoro, ahí está nuestro corazón como ya lo comenté anteriormente. Pero no dejo de maravillarme cuánta razón y sabiduría tienen estas palabras. Como manejamos el dinero reflejará el estado de nuestro corazón. Todos hemos luchado en nuestro corazón y contra nuestra voluntad con el tema del dar.

Dios en su sabiduría nos dejó un mapa claro de cómo nosotros podemos dominar las intenciones de nuestro corazón con el simple hecho de dar y hacerlo con sabiduría. Como pareja es muy importante platicar de este tema y entender qué es lo que la otra persona piensa con referencia a la generosidad. Verás que tú y tu pareja posiblemente piensen diferente. Pero Dios quiere que seamos uno en todo. El ser uno en todo significa ser uno en cuerpo, alma y espíritu. Cuando nos casamos somos uno en estas tres áreas, pero también pasaremos por un proceso de madurez. Llegar a una misma manera de pensar acerca del dinero y de cómo desprendernos de él nos llevará tiempo.

Como vimos en las *leyes naturales financieras,* si trabajamos honestamente, llevamos un presupuesto, ahorramos e invertimos, seguramente prosperaremos. Pero quizás nunca encontraremos la abundancia económica, sino que viviremos una vida ordenada y con lo suficiente para cubrir nuestras necesidades y ayudar un poco a los demás, ya sea a la iglesia, familiares, amigos, etc. Pero imagínate que hubiera leyes que te multiplicarán abundantemente tus recursos. Sería maravilloso porque nos daría la libertad para hacer muchas cosas que deseamos, ya sea para nuestra familia, proyectos o ayudar a los demás. Quiero decirte que sí existen esas leyes, pero pocas personas saben de ellas o cómo implementarlas. Son leyes espirituales que la mayoría desconoce por falta de entendimiento y conocimiento. No porque sean secretas, sino porque se tienen que discernir espiritualmente y tener el corazón alineado con Dios y con las motivaciones correctas. Pero Dios las puso en su Palabra para que con la guía del Espíritu Santo aprendamos a usarlas. Veamos cómo funcionan.

El reino de los cielos funciona diferente al reino de la tierra. De hecho, en la famosa oración del Padre Nuestro dice: *Que se haga tu voluntad aquí en la tierra como en el cielo.* Esto quiere decir que las leyes celestiales pueden sobrepasar las leyes naturales de esta tierra. Ahora recordemos que *la generosidad es la llave a la abundancia*. El dar tiene una ley espiritual muy poderosa: Dios dice en su Palabra: «Da y se te dará». *Así de fácil*, pero no solo se te dará lo que diste, sino que se te dará una medida apretada, remecida y hasta que se desborde (Lucas 6:38). Quiere decir que si tu aplicas esta ley en tu matrimonio, podrán ver la mano de Dios moverse a su favor financieramente.

Estas *leyes espirituales* están divididas en dos categorías.

Diezmos y ofrendas

Recuerda que son leyes espirituales, que trabajan en lo sobrenatural. Algunas personas prefieren ni siquiera abrir esta puerta porque piensan que es solo manipulación para forzarnos a dar. Quiero decirte que lamentablemente puede ser así en algunos casos, pero creo que tiene que ver más por la ignorancia de entender el corazón de Dios. Dios quiere prosperarnos porque nos ama y es su naturaleza. La prosperidad que Dios ofrece funciona bajo los lineamientos (leyes) que él ha establecido para que sea equitativo/justo para todos. De esta manera, no es si Dios quiere o no quiere, si está de buenas o no. Mucha gente le pide a Dios que le ayude con sus finanzas, pero al no ver resultados se desmotivan pensando que Dios tiene a sus preferidos y que el ser prosperado depende de un concepto de suerte o de buenas obras, pero la realidad no es así. ¡Estas leyes trabajan para todos! A continuación, voy a tratar de explicar lo que hemos aprendido de la mejor manera posible. Como ya lo mencioné anteriormente, en lo que se refiere a las finanzas, Kris y yo venimos de dos trasfondos diferentes. Pero al estudiar estas leyes espirituales hemos podido llegar a estar de acuerdo en ponerlas en práctica y someter nuestros propios deseos a la voluntad de Dios. Y será la decisión de ustedes, como pareja, orar e implementar estas leyes financieras en su matrimonio.

Comencemos con el diezmo

Es muy probable que hayas escuchado el término *diezmo*. En las iglesias se predica y se da la oportunidad para que demos nuestros diezmos. Pero ¿qué es el diezmo y por qué darlo? ¿Quién se beneficia del diezmo? Contestemos la primera pregunta.

¿Qué es el diezmo y por qué darlo? Sin entrar en toda una clase de teología, el diezmo es una provisión divina para proteger nuestro patrimonio. Dios dice que el diezmo le pertenece a él. Si vivimos en su reino el 10 % es de él. «La décima parte de los productos de la tierra, ya sea grano de los campos o fruto de los árboles, le pertenece al Señor y debe ser apartada, es santa para el Señor» (Levítico 27:30, NTV).

Cuando diezmamos estamos diciendo: *Señor, confío en ti y transfiero mi dinero del reino de este mundo a tu reino celestial*. Es una *transacción divina*. Dios no puede bendecir nuestro dinero si no lo transferimos a su reino: es una ley. Imagínate que es como cambiarte de cuenta bancaria. En la cuenta del mundo tu dinero está bajo las regulaciones de los bancos y sistemas financieros. Pero cuando transferimos nuestro dinero a la cuenta celestial los lineamientos cambian. Quizás esto parezca una fantasía, pero continúa conmigo. Dios te pide que transfieras el 10 % de tu dinero a su cuenta celestial, que está representada por la iglesia, el cuerpo de Cristo. La iglesia, *ekklesia* en griego, quiere decir gobierno, en este caso el gobierno celestial. Sé que tristemente en ocasiones la iglesia ha abusado o manipulado este tema, pero eso no significa que el principio que Dios estableció ha cambiado. Su bendición sobre nuestras vidas por ser fiel en los diezmos permanece. Hay que confiar en Dios y encontrar una iglesia sana que manejan sus finanzas con transparencia y sabiduría. Al hacer esto Dios protege nuestros intereses. «Traigan todos los diezmos al depósito del templo, para que haya suficiente comida en mi casa. Si lo hacen —dice el Señor de los Ejércitos Celestiales—, les abriré las ventanas de los cielos. ¡Derramaré una bendición tan grande que no tendrán suficiente espacio para guardarla! ¡Inténtenlo! ¡Pónganme a prueba!» (Malaquías 3:10, NTV).

Esto suena bien, pero algunas personas pueden decir: «Yo he hecho eso y no ha pasado así». O dicen: «En ocasiones sí veo algo pasar, pero en otras veces no. ¿Por qué?». Creo que podemos responder a esta pregunta haciéndonos varias preguntas a nosotros mismos. ¿Recuerdas las *leyes financieras naturales*? Preguntémonos si las hemos llevado a cabo: ¿trabajamos con integridad? ¿Tenemos un presupuesto al día? Dios dice: «Dame el 10 % y yo bendeciré el otro 90 %».

Suena como una buena propuesta. Pero fijémonos bien. Él está diciendo: «Dame el 10 %». Este es un número exacto. No dice: «Dame más o menos como un 10 % o lo que tú quieras». Dice el 10 %. Y ¿cómo vamos a saber cuál es el 10 % de lo que recibimos si no tenemos un presupuesto claro? Muchos matrimonios no saben cuánto ganan o cuánto gastan. Quiero contestar a otra pregunta que quizás está en tu mente. ¿Por qué tiene que ser tan exacto? La respuesta que yo creo es porque Dios es justo y es una misma medida para todos. Para el que tiene mucho o poco, el porcentaje es el mismo de acuerdo a su ingreso. El que gana $1000 tendrá la misma lucha y oportunidad en su corazón de dar el 10 % ($100) como también el que gana $10000 tendrá la misma oportunidad de dar el 10 %, en este caso $1000.

Quizás no tenemos un presupuesto claro y no estamos diezmando correctamente. Esto no es un concepto religioso, sino de orden. Y recuerda que Dios no puede bendecir el desorden. También es importante mencionar que nuestro enemigo número uno, el diablo, anda como león rugiente buscando a quién devorar. «¡Estén alerta! Cuídense de su gran enemigo, el diablo, porque anda al acecho como un león rugiente, buscando a quién devorar» (1ª de Pedro 5:8, NTV), dice «*buscando a quién devorar*» porque está tratando de encontrar una puerta para entrar, y esa puerta puede ser el desorden mismo, la falta de integridad en nuestra manera de operar en nuestros trabajos y negocios, así como nuestra falta de fidelidad con Dios y su casa la *iglesia*.

Hay parejas que pueden decir: «No sabemos cuánto ganamos porque trabajamos en ventas y nuestros ingresos son variables». La respuesta a este problema es que aparten el 10 % de cada comisión o dinero recibido, así de fácil. Pero si tenemos un desorden en nuestras finanzas, nos va a resultar difícil hacerlo.

Otra situación es cuando tenemos un negocio y no sabemos cuánto ganamos porque tenemos gastos y puede ser un poco confuso al no tener un sueldo fijo. La solución a este problema es cuando saques dinero del negocio para tus necesidades del hogar o personales en ese momento aparta el 10 %.

La realidad es que si tenemos orden, un presupuesto y el corazón para dar, no será un problema hacerlo correctamente. El verdadero problema viene cuando en nuestro corazón buscamos la manera de no dar o dar menos. Ese es un problema de integridad.

Entiendo que muchas parejas pueden decir: «Sí nos gustaría dar, pero no podemos porque tenemos deudas». En este caso el proceso es el mismo: *confiar*. Da primero a Dios y él suplirá todas tus necesidades. Es un paso de fe muy grande hacer esto. Pero Dios no dijo que sería fácil. Es una prueba cada vez que recibimos dinero, ya que veremos dónde está nuestro corazón. Recuerda: *dónde ponemos nuestro dinero, ahí estará nuestro corazón*. Qué sabiduría la de Dios. Es algo simple y sencillo. Creo que los que complicamos el concepto del diezmo somos nosotros.

Algunas personas dicen: «Eso del diezmo ya no es para este tiempo. Estaba bajo la ley, pero ahora vivimos bajo la gracia».

Es cierto que vivimos bajo la gracia, pero no tiene nada que ver el diezmo con la ley. El diezmo ha existido desde antes que se mencionara en la ley de Moisés. Abram le dio el 10 % a Melquisedec. «Y Melquisedec, rey de Salem y sacerdote del Dios Altísimo, le llevó pan y vino a Abram. Melquisedec bendijo a Abram con la siguiente bendición: "Bendito sea Abram por Dios Altísimo, Creador de los cielos y la tierra. Y bendito sea Dios Altísimo, que derrotó a tus enemigos por ti". Luego Abram dio a Melquisedec una décima parte de todos los bienes que había recuperado» (Génesis 14:18-20, NTV).

Como vemos en este versículo, Abram le dio el 10 % como un acto de gratitud, no por obligación. Así debe de ser nuestro dar, con gratitud y entendimiento. Hay una bendición muy especial cuando le damos lo primero a Dios. También vemos que Melquisedec (*Jesús*) bendijo a Abram. ***Siempre hay una acción atrás de una bendición.***

También vemos que Jesús comenta acerca de la importancia del diezmo, y la condición de nuestro corazón. (Mateo 23:23).

Ahora respondamos la segunda pregunta. ¿Quién se beneficia del diezmo? Aunque pensamos que el beneficiario del diezmo es la iglesia y los pastores, realmente quien se beneficia del diezmo somos nosotros que lo damos. Claro que hay un beneficio inmediato para quien recibe el diezmo; en este caso la iglesia. Pero déjame explicar esta parte que es muy importante.

Recuerda que el diezmo tiene una ley espiritual que dice que al hacerlo tendremos una protección sobrenatural. En el libro de Malaquías en la Biblia nos dice: «Sus cosechas serán abundantes porque las protegeré de insectos y enfermedades. Las uvas no caerán de las vides antes de madurar —dice el Señor de los Ejércitos Celestiales—. Entonces todas las naciones los llamarán benditos, porque su tierra será un deleite», dice el Señor de los Ejércitos Celestiales» (Malaquías 3:11-12, NTV).

Imagínate que eres dueño de un terreno que representa tus activos. Cuando tú diezmas con el corazón correcto es como si pusieras una cerca alrededor de ese terreno, y el enemigo no podrá entrar a robar. Dios dice que nos protege del devorador. Podemos imaginarnos que tanto el diablo quiere robar nuestras finanzas. Cuando hay un matrimonio unido en esta área y con un corazón generoso, es muy peligroso para el reino de las tinieblas. Ya que un matrimonio que da ayuda a que el reino de Dios avance. Podemos concluir que el diezmo es una provisión divina de Dios que nos protege del devorador.

Ahora veamos las ofrendas

Las ofrendas son las semillas que se siembran dentro de nuestro terreno. Una vez que ya hemos cercado el terreno con el diezmo, estamos listos para sembrar (invertir) en su reino y ver crecer la cosecha. Nuestros cultivos estarán protegidos con las *leyes naturales financieras* y el diezmo.

Las ofrendas se dividen en tres categorías:

Ofrendas de compasión
Ofrendas de generosidad
Ofrendas de inversión

Debemos de saber que toda ofrenda viene con una recompensa y no porque nosotros la busquemos, sino porque es una ley que Dios declara.

Ofrendas de compasión:

Estas ofrendas son las más conocidas. Son las que damos a personas y organizaciones que están en necesidad. Por ejemplo: una persona en la calle que no tiene qué comer. El amigo hermano en la iglesia que está pasando por una situación difícil por enfermedad, falta de trabajo, malas decisiones o cualquier otra razón. Y no tiene para pagar la renta de su casa, la escuela, la cuenta del hospital, comida, gasolina, etc. Y al saber de esto tienes compasión de él y le ayudas económicamente sin esperar recibir algo a cambio. O cuando sabes que cierta organización está pasando por una situación difícil y tú quieres ayudar para que siga adelante. Es ayudar al pobre, al necesitado, y Dios nos dice que si ayudamos al pobre es como prestarle a él.

Veamos la recompensa: «Si ayudas al pobre, le prestas al Señor, ¡y él te lo pagará!» (Proverbios 19:17, NTV). Esta es una promesa. Y aunque nosotros dimos sin esperar ninguna compensación, Dios es fiel a su Palabra y nos recompensará ese acto de compasión de alguna manera inesperada.

Como matrimonio e individualmente siempre debemos estar sensibles a las necesidades de los demás, ya que eso demuestra un corazón compasivo.

Ofrendas de generosidad:

Estas ofrendas vienen de un corazón generoso, ya que estamos siempre agradecidos y gozosos con lo que tenemos y sabemos qué viene de la mano de nuestro Padre celestial. No nos preocupa compartirlo con los demás. Te doy algunos ejemplos:

Cuando estamos comiendo y alguien llega y decimos de corazón: «Toma, te regalo un taquito», o si alguien necesita ir a un lugar tú dices: «No te preocupes, yo te llevo». O un amigo nos dice: «Como me gusta tu camisa», y dices: «Te la regalo», etc. Eres de las personas que ven la necesidad y eres de los primeros en ofrecerte a suplirla. No te limitas en siempre querer dar económicamente a quien lo necesita. Hay mucha gente que tiene este sentir, pero no prosperan aun siendo generosos. Si esto sucede debemos de pensar si estamos dando con orden o en desorden. En orden es como ya aprendimos; aplicando las *leyes naturales financieras*. De lo contrario, podemos dar de lo que no tenemos o que no nos pertenece. Por ejemplo: puedes dar del dinero que era para pagar la renta de tu casa o la colegiatura, etc. Y podemos decir:

«Ahorita lo doy, y después veremos cómo lo hacemos». Esto es un error. Debemos dar de lo que tenemos en el presupuesto para dar. O hacer un sacrificio personal y de ahí tomar el recurso para darlo. De lo contrario, aun si tenemos una buena intención podemos dar equivocadamente. «Todo lo que den es bien recibido si lo dan con entusiasmo. Y den según lo que tienen, no según lo que no tienen» (2ª de Corintios 8:12, NTV).

Una característica muy importante de este tipo de ofrenda es que siempre se da con gozo. Aunque nos haya costado trabajo y esfuerzo, nos da gusto darlo. ¡Es algo sobrenatural! El apóstol Pablo dice en la Biblia: «Y he sido un ejemplo constante de cómo pueden ayudar con trabajo y esfuerzo a los que están en necesidad. Deben recordar las palabras del Señor Jesús: "Hay más bendición en dar que en recibir"» (Hechos 20:35, NTV).

«Dale a cualquiera que te pida; y cuando te quiten las cosas, no trates de recuperarlas» (Lucas 6:30, NTV).

Veamos la recompensa en estos versículos:

> «No seas mezquino, sino generoso, y así el SEÑOR tu Dios bendecirá todos tus trabajos y todo lo que emprendas». (Deuteronomio 15:10)

> «El generoso prosperará, y el que reanima a otros será reanimado». (Proverbios 11:25, NTV)

> «Efectivamente, serán enriquecidos en todo sentido para que siempre puedan ser generosos; y cuándo llevemos sus ofrendas a los que las necesitan, ellos darán gracias a Dios». (2ª de Corintios 9:11, NTV).

Podemos ver en estos versículos que cuando somos generosos nunca nos faltará y siempre tendremos de más. Como matrimonio diseñemos un estilo de vida donde la generosidad sea parte esencial de nuestros valores familiares.

Ofrendas de inversión:

No es muy común escuchar de este tipo de ofrenda. Normalmente, hablamos de ayudar a los demás sin esperar nada a cambio, dar al pobre como ya vimos anteriormente, pero ¿ofrendas de inversión? Quizás tú como yo jamás lo habías escuchado. Pero está en la Palabra de Dios. Llevamos a cabo estas ofrendas cuando nos asociamos con Dios en su negocio, cuando respaldamos los proyectos que Dios está haciendo por medio de personas y organizaciones. El negocio de Dios es la gente. Dios nos ama y ama a la gente y quiere que lo conozcamos y que regresemos a casa. Para eso la gente tiene que oír de él, del evangelio (*las Buenas Noticias de Jesús*). Veamos este versículo: «¿Pero cómo pueden ellos invocarlo para que los salve si no creen en él? ¿Y cómo pueden creer en él si nunca han oído de él? ¿Y cómo pueden oír de él a menos que alguien se lo diga? ¿Y cómo irá alguien a contarles sin ser enviado? Por eso, las Escrituras dicen: "¡Qué hermosos son los pies de los mensajeros que traen buenas noticias!"» (Romanos 10:14-17, NTV).

Dios está buscando gente que lo ame, que le crea, y que ame a la gente. Cuando Dios encuentra una persona así, lo invita a participar de su gran misión de rescatar, liberar, sanar y restaurar vidas. Permíteme explicarte:

Las buenas noticias de Jesús son llevadas a los confines de la tierra con dinero. Sin dinero el misionero no puede ir, y la organización para construir pozos de agua en lugares remotos no podrá hacerlos. El evangelista sin dinero no podrá hacer su campaña y rentar el auditorio. El programa de radio, televisión y los medios sociales que hablan del amor de Dios no pueden transmitirse sin dinero. Las organizaciones que ayudan gratuitamente a gente con adicciones, matrimonios en conflicto, niños abandonados, tráfico humano, clínicas para salvar vidas de niños aún no nacidos, bancos de alimento, etc. No podrían llevar a cabo su misión sin la inversión económica.

Cuando tú inviertes en la misión/negocios de Dios, algo maravilloso sucede. La gente escucha de Cristo y sus vidas son transformadas por la eternidad.

¿Cuánto invertir y dónde?

La cantidad te la dará Dios de acuerdo a tu presupuesto o al compromiso que hagas con él. Si él te dice da *equis* cantidad, pero no la tienes, dile: «Muy bien, Señor. Si tú me la das yo la daré». Dios puede sorprenderte con una bonificación especial o con un negocio, etc. Para generar ese dinero extra que necesitas para invertir en el reino. Recomiendo que siempre que hagan algún tipo de ofrenda hablen al respecto como pareja y oren para tener la paz de Dios y estar en unidad. Una ofrenda no se debe de dar bajo presión, manipulación o adquiriendo una deuda.

Toda inversión tiene un retorno. ¿Cuál es el retorno de inversión en este caso? Hay dos retornos de inversión: (1) las almas alcanzadas y salvadas; y (2) el regreso de la inversión a tu vida. Este puede venir en muchas maneras, por medio de la bendición en tus negocios y trabajo, por medio de regalos inesperados a tu vida como viajes, descuentos, regalos, etc. La bendición de Dios llegará de muchas maneras y será siempre más de lo que dimos.

Veamos la recompensa: «Den, y recibirán. Lo que den a otros les será devuelto por completo: apretado, sacudido para que haya lugar para más, desbordante y derramado sobre el regazo. La cantidad que den determinará la cantidad que recibirán a cambio» (Lucas 6:38, NTV).

Importante:

Nunca dejes de dar una ofrenda que prometiste dar, ya que Dios lo ve como un robo. «¿Acaso roba el hombre a Dios? ¡Ustedes me están robando! Y todavía preguntan: "¿En qué te robamos?" En los diezmos y en las ofrendas. Ustedes —la nación entera— están bajo gran maldición, pues es a mí a quien están robando» (Malaquías 3:8-12). Algo que es importante entender es que las ofrendas son voluntarias, pero cuando hacemos una promesa a Dios, esa se convierte en un pacto. Es mejor no hacer promesas que hacerlas y no cumplirlas. Te doy un ejemplo: Un día dos amigos van a comer pensando que cada uno pagará lo suyo. Pero cuando están llegando al restaurante, uno de ellos dice: «Déjame invitarte a comer, yo pago».

En ese momento hizo un compromiso de su propia voluntad. Nadie le pidió hacerlo. El otro amigo dice: «Está bien, muchas gracias». Pero cuando llega la cuenta, el que invitó dice: «Sabes... creo que es mejor que cada quien pague lo suyo». ¿Qué pasaría? La otra persona se sentirá mal, como si le estuviera haciendo un pequeño robo, ya que su amigo se comprometió a hacerlo y no lo cumplió. Nadie le pidió hacerlo, pero él solo se ahorcó con sus propias palabras. Es mejor no decir nada si no se tiene la intención o el corazón para hacerlo. Por eso dice la Escritura *que tu sí sea sí y tu no sea no*: «Simplemente di: "Sí, lo haré" o "No, no lo haré". Cualquier otra cosa proviene del maligno» (Mateo 5:37, NTV). Si a ti te ha pasado esto y te has comprometido con Dios en dar una ofrenda de compasión, generosidad o de inversión, y no lo has hecho, entonces corre pronto a hacerla. Y si no tienes con que cumplir tu palabra, arrepiéntete y pídele perdón a Dios y comienza de nuevo. Dios es justo y fiel para perdonarnos y librarnos de toda maldad. «Pero si confesamos nuestros pecados a Dios, él es fiel y justo para perdonarnos nuestros pecados y limpiarnos de toda maldad» (1ª de Juan 1:9, NTV).

Te invito que juntamente con tu pareja hagan el esfuerzo por invertir en ministerios y misioneros que traen frutos al reino (almas), ya que toda inversión debe de dar rendimientos. De lo contrario es una mala inversión. Espero que todo lo que hemos compartido en este capítulo les ayude como pareja a poner su casa en orden financieramente y así experimentar el poder de Dios a través de su generosidad como matrimonio.

Recuerda las leyes:

Leyes financieras naturales

- Trabajar con integridad
- Tener un presupuesto
- Ahorrar
- Invertir

Leyes financieras espirituales

- Diezmos
- Ofrendas de: compasión, generosidad e inversión

Ahora que ya has leído este capítulo es tiempo para hacer una autoevaluación personal y como pareja. Primeramente, rindamos nuestro corazón a Jesús y permitamos que él tome el control de nuestra vida financiera y nuestro matrimonio.

Pidamos perdón si hemos violado las leyes que él ha puesto para prosperarnos y cambiemos nuestros hábitos.

Involucrémonos en la visión y misión de Dios. Si nos cuesta trabajo dar, pidámosle al Espíritu Santo que nos ayude en nuestra debilidad para desarrollar un corazón agradecido y sensible a las necesidades de la iglesia y de los demás.

Como dice el dicho: «Bajo aviso no hay engaño». Si tu situación financiera no está donde debería, ahora pueden como pareja poner estos principios en práctica y experimentar la gracia de Dios. Jesús viene pronto, debemos preparar el camino. Se necesita dinero para que el evangelio avance, y por esta razón Dios está buscando matrimonios que tengan finanzas sanas.

Sí toman un tiempo como pareja y platican sobre estas leyes y las ponen en práctica, seguramente tendrán éxito y paz en esta área. **El orden es la llave a la prosperidad, y la generosidad es la llave a la abundancia.** Recuerda que una vida financiera sana lleva tiempo construirla, lo importante es ser persistentes ya que ¡la constancia es la base del éxito!

CAPÍTULO 8

Criando hijos divinos

«...Él hará que los padres se reconcilien con sus hijos y los hijos con sus padres....».

MALAQUÍAS 4:6A

ES INCREÍBLE PARA NOSOTROS PENSAR QUE NUESTROS tres pollitos ya crecieron y están empezando a forjar sus propios caminos como adultos. No hay nada más satisfactorio para los padres que ver a sus hijos llegar a ser adultos responsables y felices, llenos de propósito y amor hacia Dios y la gente. Y no hay nada más doloroso que verlos batallar con adicciones, depresión, inseguridades, rebeldía y falta de visión. Cada padre desea lo mejor para sus hijos, pero a veces no sabemos cómo guiarlos. Ser padre es un trabajo complicado y por desgracia no se entrega un manual de usuario cuando salimos del hospital con el pequeño retoño. Pero tenemos buenas noticias: Dios sí nos dio un manual de la vida y se llama la Biblia. Y ahí encontramos tesoros de sabiduría para guiar a nuestros hijos. En este capítulo queremos compartir con ustedes lo que ha funcionado para nosotros personalmente y otras familias que conocemos. ¡No son teorías, porque las hemos visto funcionar en vidas reales! La crianza de los niños es un tema muy importante porque afecta todo el entorno de nuestro hogar. Si no hay unidad en la manera cómo criamos a nuestros hijos, causará mucho estrés en el matrimonio y desorden en la casa. Cualquier decisión que tomen en familia háganlo en unidad. Es muy importante que sus hijos los vean a ustedes como uno solo. ¡Es increíble qué tan astutos son los niños para identificar el eslabón más débil para lograr lo que quieren! Si deciden aplicar algo de lo que aprendan aquí, y esperamos que así sea, pónganse de acuerdo como pareja primero, hagan una estrategia, y pónganla en práctica unidos en un solo sentir.

¿Recuerdas en el primer capítulo que dijimos que las matemáticas del reino de Dios son diferentes que las naturales, hablando de la unidad ($1+1+1=1^3$). Igual pasa con la crianza de los niños. El orden de los factores sí altera el producto: $a+b+c=x$ pero $c+b+a\neq x$. No tiene el mismo resultado. Si corregimos a nuestros hijos por el mal comportamiento antes de darles instrucciones claras, no tiene el mismo resultado que darles instrucciones claras y luego corregirlos si no las obedecen. Igual pasa si les damos demasiadas libertades antes de enseñarles cómo manejar esa libertad o si les ponemos demasiados límites cuando ya tienen la madurez para manejar más decisiones propias. La clave es instruir a nuestros hijos en el orden correcto, estableciendo límites y libertades adecuadas en el tiempo correcto.

Más adelante vamos a ver los diferentes tiempos o etapas de desarrollo de los niños, pero para instruir a nuestros hijos tenemos que primeramente ser instruidos nosotros mismos. Hay que examinar nuestro corazón delante de Dios y ver cuál es nuestra actitud hacia la crianza de los hijos. Sabemos que los amamos ¡Pero tal vez no amamos mucho el proceso de criarlos! Hay que tomar ánimo. Dios tiene un gran propósito para nuestros hijos y hay que ser diligentes en su proceso de desarrollo. Como dice el dicho tan claramente: *Si no sabes a donde vas, ya llegaste*. Los niños deben ser guiados con propósito en una dirección especifica: «Los hijos son una herencia del Señor, los frutos del vientre son una recompensa. Como flechas en las manos del guerrero son los hijos de la juventud» (Salmos 127:3, 4). Para que una flecha llegue al blanco tiene que ser lanzada con destreza en una dirección deseada. Hay que saber cuál es el blanco (la meta) para cada hijo, considerando sus dones, habilidades y orando para que Dios revele su camino particular para cada uno; siempre examinando nuestro corazón, cuidando de que ¡no sea un deseo frustrado que deseamos vivir a través de ellos! Los hijos son seres humanos igual que nosotros, creados con un propósito divino y, en última instancia, pertenecen a Dios, no a nosotros. Tenemos la increíble oportunidad de ser responsables por ellos por un tiempo corto con el fin de dirigir su corazón, como flechas, hacia su Padre eterno. ¡Hay que aprovechar ese tiempo al máximo!

Otro principio importante es que el matrimonio debe ser el centro del hogar. Hay una pregunta muy común en México que se hace a las parejas jóvenes: «¿Ya tienen familia?». Lo que quiere decir es si ya tienen hijos. Tener hijos no debe significar lo mismo que tener una familia. Cuando una mujer y un hombre se casan, ya forman una familia. Su unión es el centro de esa nueva familia. Los niños llegan a ser parte de la familia, no el centro. Esto significa que las decisiones familiares no deben de girar solo alrededor de las necesidades de los niños, sino de toda la familia, incluyendo el matrimonio. Hay que recordar que los niños solo van a estar bajo nuestro cuidado por unos años, pero el matrimonio es para toda la vida.

Veamos ahora las diferentes etapas en la crianza de los niños y los principios bíblicos para guiar a nuestros hijos a ser más como Jesús quien «siguió creciendo en sabiduría y estatura, y cada vez más gozaba del favor de Dios y de toda la gente» (Lucas 2:52).

Etapa de la corrección (0-5 años aprox.)

La meta (el blanco) en esta etapa es formar el dominio propio y la obediencia en los hijos

Hablemos del dominio propio: en esta etapa está bien micro manejar su día, dando pocas opciones sin mucha explicación. Si tienen demasiadas elecciones a su gusto, los niños tienden a ser egoístas y piensan que todo el mundo gira a su alrededor. Ahorita están chiquitos e inocentes y parece insignificante dejar que escojan siempre el color del vaso, la ropa que usan, la comida que comen, las actividades que hacen, etc. Cuando su mamá le dice al niñito que no puede comer más dulces y empieza a llorar, se ve adorable y la hace reír. Le toma un video y lo sube a los medios sociales y todos le ponen un «me gusta». Pero cuando sea más grande va a seguir demandando todo a su gusto y no se va a ver tan lindo. ¡Nadie quiere ver el video de un muchacho de dieciséis años berrinchudo, llorando y pataleando por no recibir el coche que quería! Obviamente, la vida no es siempre como uno quiere. La mejor manera para aprender el dominio propio es no siempre recibir todo lo que queremos en el momento que lo queremos.

Obediencia: hay que establecer límites y expectativas claras. La mejor manera de ser claros es mirando a nuestro hijo a los ojos y pidiendo que él responda afirmando que entendió la instrucción. ¡Nada de gritar por las escaleras esperando que alguien nos va a hacer caso! Hay que asegurarnos de qué él sabe lo que estamos esperando para poder dar consecuencias adecuadas si no obedece. La clave es cumplir nuestra palabra. Es contraproducente dar instrucciones y luego no dar seguimiento con consecuencias de disciplina si no obedecen. «Disciplinar a un niño produce sabiduría, pero un hijo sin disciplina avergüenza a su madre» (Proverbios 29:15, NTV).

En otras versiones de la Biblia menciona la «vara de disciplina» que puede ser una opción de consecuencia, pero no siempre, depende del niño y la situación. Cualquier tipo de disciplina, incluyendo un regaño verbal, puede ser abusivo. Recuerda que las consecuencias nunca deben ser severas, vergonzosas, y no se deben de aplicar cuando uno está enojado. Deja que baje la frustración antes de implementar cualquier disciplina. El propósito de la consecuencia es para el bien del niño; entonces, siempre debe ser con amor y aceptación. Disciplinar con dominio propio es una manera de enseñarles el dominio propio. No podemos esperar de ellos lo que nosotros no hacemos.

También es muy importante ser claro con los límites y las expectativas: recuerda que *puedes jugar aquí, pero no puedes brincar en los sillones. Puedes ver los adornos en la casa de la abuela, pero no tocarlos. Puedes correr afuera, pero no adentro de la iglesia. Puedes jugar en el jardín, pero no arranques las flores*. Y después la meta es que obedezcan a la primera. El niño debe obedecer la primera vez que recibe instrucción, ¡no después de diez amenazas con la chancla! Para que funcione esta regla tenemos que ser vigilantes y constantes. ¡Esta parte es más difícil para los papás que para los niños, ya que nos da pereza cumplir nuestra palabra, y los niños se dan cuenta de eso. Luego no toman en serio nuestra autoridad y eso les causa un daño terrible. Crecer sin respeto por la autoridad les perjudica tremendamente en su relación con la familia, con la sociedad y con Dios. Padres, tenemos que ser disciplinados en disciplinar por el bienestar de nuestros hijos.

Etapa de la Formación (6-10 años aprox.)

La meta es formar valores de respeto y seguir reforzando la obediencia

Ahora es el tiempo de dar explicaciones. Si ya tienen hijos de esta edad, sabes muy bien que te puedes pasar la mayoría del día contestando los famosos: «¿Por qué?». En esta etapa seguimos reforzando todo de la etapa anterior, pero ahora ayudamos a nuestros hijos a formar valores asociados con el porqué. Cada respuesta es una oportunidad de guiar su corazón. Por ejemplo. Recuerda que *puedes jugar aquí, pero no puedes brincar en los sillones porque se van a ensuciar y se pueden romper. Puedes ver los adornos en la casa de la abuela, pero no tocarlos porque son importantes para ella y se pone triste si algo les pasa. Puedes correr afuera, pero no adentro de la iglesia porque hay que respetar a la gente ahí y a Dios porque es su casa. Puedes jugar en el jardín, pero no arranques las flores porque son la creación de Dios y él quiere que cuidemos todo lo que él ha creado*. En esta etapa ayudamos a nuestros hijos a ver más allá de sus propios deseos y del *yo primero*. Les ayudamos a tener respeto para sí mismos, para otras personas, las autoridades, la naturaleza y, sobre todo, a Dios.

La meta final de la instrucción y la disciplina siempre debe ser ganar el corazón de nuestros hijos con amor. No queremos frustrarlos con expectativas que no son claras. Cuando desobedecen debe ser porque eligieron hacerlo; entonces, son responsables de las consecuencias. En nuestra casa no manejábamos la idea de castigos. Eran consecuencias de una decisión de ellos mismos. Explicábamos lo que esperábamos y cuál sería la consecuencia si no lo hacían. Y luego ellos escogían obedecer o no. Era su responsabilidad. Cuando no somos claros con lo que esperamos, esto causa frustración en ellos. Otra cosa que usábamos para ayudarles a entender nuestras expectativas era un reloj de cocina que pitaba. Como no tenían un entendimiento claro del tiempo, no queríamos frustrarlos pidiendo algo que no sabían cumplir. Antes yo decía: «Recoge tus juguetes ahora. Ya nos vamos». Eso causaba frustración porque a veces estaban en medio de un juego importante para ellos. Entonces yo decía: «Bueno, en cinco minutos quiero que recojan todo». Regresaba en cinco minutos y seguían jugando. Yo pensé que era desobediencia, pero en realidad era falta de entendimiento sobre el tiempo. La solución: un reloj de cocina (temporizador). «Voy a poner cinco minutos y cuando pite quiero que recojan sus juguetes». ¡Santo remedio!

Cuando enseñamos respeto tenemos que mostrar respeto también. Los niños aprenden más viendo nuestro ejemplo que escuchando nuestras palabras. Es una oportunidad para que nosotros también crezcamos. Un área donde podemos mostrar respeto es escuchando a nuestros hijos, y no disciplinarlos inmediatamente sin escuchar su explicación. Hay que establecer consecuencias por la actitud del comportamiento y no por el comportamiento en sí. A veces los niños hacen tonterías simplemente por inmadurez y no por malicia. Hay que discernir la diferencia. ¿Tiró el vaso porque estaba enojado o porque no se fijó? Queremos moldear el corazón de nuestros hijos, no su comportamiento. Si moldeamos el comportamiento nada más, van a crecer frustrados y rebeldes, tomando malas decisiones. Pero si moldeamos el corazón, cuando crezcan no solo escogerán lo bueno, sino lo mejor.

Etapa de la instrucción (11-15 años aprox.)

La meta es formar virtudes propias y buen carácter

Ay, la bendita adolescencia... suena chistoso, como un choque de dos palabras opuestas y contrarias, pero en realidad la adolescencia es una bendición. Es una oportunidad extraordinaria de construir un puente entre la niñez y ser adulto, y caminar junto con ellos hacia su propósito en la vida. Allí vemos dos conceptos claves: construir y caminar juntos. Si hicimos bien nuestra labor en las dos primeras etapas, nuestros hijos ya tienen un fundamento firme de dominio propio, obediencia y respeto. (Y si todavía no lo tienen, hay que seguir trabajando en ello). Ahora, sobre esta base hay que construir un buen carácter y virtudes propias. La idea es que en esta etapa el niño empiece a abrazar las virtudes bíblicas como suyas propias. Ya no son solo ideas de sus padres o de la iglesia, sino son suyas. Y la clave es no esperar que las van a adquirir solas. Tenemos que seguir caminando con ellos. Cuando enfrentamos un adolescente rebelde, la tentación puede ser soltar las riendas y tirar la toalla en frustración. Pero ahora es cuando más nos necesitan cerca. Tal vez su boca está diciendo: *Vete y déjame en paz.* Pero su corazón grita: *Me siento perdido en este mundo confuso. No me dejes solo.* Amigos, ser padres no es para los débiles. Necesitamos la fuerza del Señor para cumplir la tarea de guiar a nuestros adolescentes a una vida de bendición como adultos. La estrategia para esto se encuentra en Deuteronomio 6:6-9: «Ama al Señor tu Dios con todo tu corazón y con toda tu alma y con todas tus fuerzas. Grábate en el corazón estas palabras que hoy te mando. Incúlcaselas continuamente a tus hijos. Háblales de ellas cuando estés en tu casa y cuando vayas por el camino, cuando te acuestes y cuando te levantes».

Primeramente, nosotros les damos el ejemplo con nuestra relación con Dios. Y luego vivimos esa relación con ellos, instruyéndoles y mostrándoles con nuestro ejemplo en una manera natural mientras caminamos juntos por la vida. No es simplemente sentarlos a tener un estudio bíblico. ¡Mejor que toda la vida sea un estudio de Dios y su bondad! Y como sabemos, el mundo no es un lecho de rosas. Cosas malas pasan muy a menudo, y esto es una oportunidad para enseñarles acerca de la paga del pecado, nuestro enemigo y la guerra espiritual. El libro de Proverbios es un recurso extraordinario en esta etapa de formación. Lo podemos usar para instruirlos acerca de su relación con Dios, sus padres, amigos, el sexo opuesto y el dinero.

En esta etapa es importante que vean el beneficio de seguir a Dios y sus mandamientos. No es suficiente la respuesta: «Porque así digo yo», o «Así dice Dios», o «Te va a ir mal si no me haces caso», o peor aún «Dios te va a castigar». Para formar sus propios valores que le van a durar toda la vida los jóvenes tienen que entender el beneficio, en vez de solo las consecuencias negativas.

(Tenemos un curso para padres que habla específicamente de esto en exitoenlafamilia.com. Se llama *Prepara a tus hijos a tener éxito*).

Finalmente, cuando se trata de los jóvenes, hay que elegir bien las batallas. Decide en pareja cuales son las cosas que no son negociables en tu familia y en cuales pueden ser flexibles. No podemos decir «No» a todo. Examina la motivación detrás de sus acciones. No es sabio estar peleando todo el tiempo con tu hija porque tiene su cuarto desorganizado cuando es una jovencita bien portada y responsable. O tu hijo que no tiene las mejores calificaciones en la escuela, pero es un joven que ama a Dios y es respetuoso. Concéntrate más en su carácter y su corazón hacia Dios y las personas que cualquier otra cosa, y asegúrate de hablar muchas palabras de ánimo. Recuerda que estás construyendo un puente, el cual debe ser lo suficientemente amplio para que no se sofoquen con la religiosidad y las reglas opresivas, pero con barreras de protección lo suficientemente altas para que no caigan al abismo de las adicciones y el pecado. Y, sobre todo, déjales saber que no están solos, que ustedes están caminando con ellos hasta llegar al otro lado.

Etapa de relación (16 años en adelante aprox.)

La meta es afirmar visión y propósito

Es importante moverse a esta etapa gradualmente. Hay jóvenes muy maduros y responsables y otros que no. En este tiempo en especial la madurez emocional y espiritual son lo que van a marcar la pauta más que la edad física. Muchos adolescentes piensan que en el momento de cumplir dieciocho años, automáticamente son adultos preparados para enfrentar la vida solos: «Ya tengo dieciocho años. Puedo hacer lo que quiera». Aunque queremos que nuestros hijos sean independientes, mientras que un joven viva en nuestra casa es obvio (¡para nosotros, pero no para ellos!) que no van a poder hacer todo lo que quieran hasta que demuestren que pueden tomar buenas decisiones. Podemos ir dándoles más responsabilidades e independencia poco a poco, examinando su corazón en el proceso. Nuestro papel va cambiando en el proceso de autoridad a amistad. El error más grande que hemos visto es asumir ese rol fuera de tiempo. Hemos visto padres que permiten que sus hijos chicos se relacionen con ellos como amigos. Y luego cuando crecen y se meten en problemas serios, los padres tratan de implementar su autoridad. Esto debe suceder al revés; los padres deben de ser la autoridad sobre sus hijos hasta que maduren y puedan autogobernarse, y *luego* podemos tomar el rol de amigo y confidente.

Igual como los niños, los jóvenes y los jóvenes adultos necesitan mucha afirmación de nuestra parte. El mundo es difícil y hay mucha presión sobre ellos para lograr algo o ser alguien. No necesitan más presión en su casa. Lo que necesitan es una voz constante afirmando que ya son alguien y que su valor no viene de lo que hacen. Tener logros en este mundo es bueno, pero no determina nuestro valor como personas. Su valor viene de ser un hijo o una hija amada(o) de un gran Padre eterno. Y los logros nacen del propósito que encuentran en esa relación. Como padres podemos ser la fuerza más positiva o la más destructiva en la vida de nuestros hijos. Depende de si ellos reciben nuestra afirmación y protección o nuestro rechazo e indiferencia. Aun cuando se van de la casa y empiezan a formar sus propias familias, es importante brindarles apoyo y palabras de ánimo y sabiduría.

Hemos disfrutado todas las etapas con nuestros hijos, pero en especial su adolescencia y juventud. Hay personas que se sorprenden mucho en escuchar esto. Lo que pasa es que pagamos el precio cuando eran chicos, en las primeras dos etapas, y luego descansamos. Cuando eran chicos era un trabajo de 24/7, corrigiendo, instruyendo y guiando. Todavía teníamos que estar pendiente de ellos en su adolescencia y juventud, pero sabíamos que ya tenían los valores y hábitos necesarios para enfrentar la vida. Claro que no son perfectos y algunas lecciones de la vida proporcionaron consecuencias duras, pero gracias a Dios, aprendieron y respondieron bien. Ahora son hombres llenos de pasión que aman a Dios y a las personas. Eso es lo más importante para nosotros como padres. Todo lo demás (ganar dinero, formar una familia, ayudar a la sociedad, usar sus habilidades y talentos, lograr sus sueños) saldrá de ahí. «Que nadie te menosprecie por ser joven. Al contrario, que los creyentes vean en ti un ejemplo a seguir en la manera de hablar, en la conducta, y en amor, fe y pureza» (1ª de Timoteo 4:12-14).

Nosotros creemos que las promesas de Dios son fieles. No siempre vemos los resultados tan rápidamente como queremos, pero podemos confiar que Dios es fiel y honra su Palabra. Proverbios 22:6 dice: «Instruye al niño en el camino correcto, y aun en su vejez no lo abandonará». Esta promesa es condicional. Nos toca a nosotros hacer nuestra parte como padres. El mandato «instruye» es para los padres, no para la iglesia, ni la escuela. En el hebreo instruir es *chanak*, que significa: entrenar, disciplinar, y también se usa para dedicar. Es la misma palabra que se usó en la Biblia para dedicar el templo de Dios. Es una palabra multidimensional, igual como el rol de ser padre. Nos habla de guiarles hacia una meta específica con expectativas claras (entrenar), cuidar que se mantengan dentro de los límites establecidos (disciplinar) y hacer todo con la ayuda de Dios (dedicar). Es trabajo duro pero la recompensa es grande. Y hay que ser realistas. Los jóvenes adultos se van de la casa y tienen que tomar sus propias decisiones y no siempre escogen el «buen camino». Esto puede pasar por nuestras fallas o por su propia necedad. Cualquiera que sea la razón, es importante enfatizar que no hay condenación en Cristo Jesús. Si esa es tu situación, no es para sentirte condenado(a) o sin esperanza. Lo que no pudiste lograr en lo natural, ahora lo puedes hacer en lo espiritual. Arrepiéntete de cualquier falla tuya como papá o mamá y dedícate a orar por ellos, declarando que los propósitos de Dios se van a cumplir en sus vidas y que el enemigo ya no tiene autoridad para afligirlos.

Cada etapa que pasamos como padres trae sus propios retos y recompensas. ***Si no recuerdan otra cosa de este capítulo, recuerden esto: la mejor manera de criar a los hijos es una combinación de expectativas claras, consecuencias consistentes, con mucho afecto y afirmación.*** Es lo que nos ha funcionado a través de los años. A veces la gente nos hace comentarios como: «Que buenos niños les tocó». Como si fuera por suerte. Pero la verdad es que no siempre eran «buenos niños». Como cualquier niño, cada uno tenía sus momentos malos, muy malos. Tanto que nos motivó a hacer algo al respecto. Tomamos cursos e invertimos tiempo, energía y dinero en aprender cómo guiarlos mejor. Todo lo bueno cuesta. En el caso de los hijos, no hay precio demasiado alto a pagar para ver a nuestros hijos felizmente caminando en el propósito de Dios para sus vidas. ¡Mucho ánimo, papás, sí se puede!

CAPÍTULO 9

Una nueva oportunidad

«Pues yo sé los planes que tengo para ustedes —dice el SEÑOR—. Son planes para lo bueno y no para lo malo, para darles un futuro y una esperanza.

(JEREMÍAS 29:11, NTV)

QUIERO EMPEZAR ESTE CAPÍTULO ANIMÁNDOTE, YA que Dios es el Dios de las nuevas oportunidades. En su Palabra dice que sus misericordias son nuevas cada mañana (Lamentaciones 3:23, NTV). Esto quiere decir que todos los días tenemos la oportunidad de recibir la gracia de Dios para poder cambiar el rumbo de nuestras vidas hacia un lugar mejor.

Este capítulo está dirigido a todas aquellas personas que vienen de un divorcio o de viudez y están en una nueva relación conyugal. Entendemos que no es tan cómodo para las personas que han pasado por esas experiencias volver a tocar el tema de su pérdida, pero creemos que es importante. Nuestro deseo es que puedan recibir todo lo que Dios tiene para ustedes en esta nueva etapa de su vida. Para hacer eso hay que asegurarse de que su corazón está listo para recibirlo.

El divorcio es uno de los mayores dolores en la vida de un ser humano. Cuando entendemos el poder de ser uno, nos da más revelación acerca de por qué el divorcio es tan dañino. En Mateo 19:6 dice: «Así que ya no son dos, sino uno solo. Lo que Dios ha unido que no lo separe el hombre» Cuando nos casamos, no nos *completamos*, más bien nos *complementamos*. Esto significa que podemos ser completos en Dios antes del matrimonio. (No necesitamos casarnos para estar completos). Pero no podemos estar completos después de un divorcio sin una restauración divina de Dios. Hay algo sobrenatural que pasa en el espíritu cuando hacemos el pacto de matrimonio delante de Dios. Nos convertimos en uno solo. Por eso el divorcio es tan traumático. Cuando algo es completo y se divide, ya no está completo. Lo que queda de cada lado son dos partes quebrantadas. Es un proceso largo y doloroso llegar a ser completo de nuevo. Hay que reconstruir cuidadosamente junto con Dios esos lugares del corazón que fueron robados por el ladrón que se llama divorcio: la confianza, la seguridad, la aceptación, la paz, el gozo, la relación con nuestros hijos, la ilusión para el futuro... y la lista sigue. Por eso Dios dice en su Palabra que odia el divorcio: «¡Pues yo odio el divorcio! —dice el SEÑOR, Dios de Israel—. Divorciarte de tu esposa es abrumarla de crueldad— dice el SEÑOR de los Ejércitos

Celestiales—. Por eso guarda tu corazón; y no le seas infiel a tu esposa» (Malaquías 2:16, NTV). La principal razón por la que el Señor odia el divorcio es porque es cruel, divide y desgarra el alma. Pero hay buenas noticias para aquellos que han pasado por ese terrible camino largo y doloroso que parece no tener esperanza: «El Señor oye a los suyos cuando claman a él por ayuda; los rescata de todas sus dificultades. El Señor está cerca de los que tienen quebrantado el corazón; él rescata a los de espíritu destrozado» (Salmos 34:17-18, NTV). Dios entiende el dolor que hay en este mundo. Él es el Dios de la esperanza quien camina con nosotros hacia la restauración. Nosotros fallamos, pero Dios... dilo conmigo en voz alta... ¡*Pero Dios*... es el Dios de las nuevas oportunidades!

Para poder recibir lo nuevo tenemos que ser sanado de lo viejo. No podemos entrar en una relación nueva y esperar que funcione sin pasar por un proceso de restauración. Toma un tiempo hoy mismo para dejar que Dios restaure tu corazón, sin importar si apenas estás entrando en una relación después de un divorcio o ya tienen tiempo juntos. Si no lo haces, vas a traer a tu nuevo matrimonio el dolor, la culpabilidad, el remordimiento y la amargura del pasado. El arrepentimiento es clave para poder dejar las experiencias negativas en el pasado.

El primer paso para ser libre y amar de nuevo es el arrepentimiento. Aun si el divorcio no era tu deseo, romper un pacto que se hizo delante de Dios es algo serio. No estamos hablando de condenación, que es diabólica y nos aleja de Dios. Estamos hablando del arrepentimiento y convicción, que es tomar responsabilidad delante de Dios por lo que uno hizo mal, pedir perdón por ello, y dejarlo ahí clavado en la cruz del Calvario. Ya no nos pertenece y es importante no recogerlo de nuevo. Nuestro Dios es un Dios de gracia. Vemos una hermosa imagen de gracia en la Biblia en la parábola del hijo pródigo (Lucas 15:11-32). La gracia significa recibir lo que no merecemos, y la clave para recibirla es dejar nuestras actitudes y acciones inmundas con los puercos (como lo hizo el hijo pródigo) y regresar a la casa de nuestro Padre.

Conocemos parejas que vienen de trasfondos muy difíciles. Entregaron sus vidas a Jesús como su Señor y Salvador después de un divorcio (o ya eran cristianos, pero por desgracia pasaron por un divorcio). Se arrepintieron y pidieron perdón sinceramente a Dios, a su ex pareja y a sus hijos por el gran daño causado; regresaron a la casa de su Padre celestial y empezaron de nuevo. Ahora viven una vida nueva en Cristo sin condenación, recibieron el perdón de Dios y la restauración de sus vidas, y ahora viven bajo su bendición. Cuando se pide perdón por romper el pacto que hicimos delante de él con nuestro cónyuge en un altar, algo nuevo sucede y Dios da una nueva oportunidad que no viene con culpabilidad ni vergüenza, sino con paz y gozo. Obviamente, no estamos promoviendo el divorcio en absoluto, pero sí creemos en la gracia de Dios cubriendo los nuevos matrimonios de personas divorciadas que se han arrepentido, han regresado a la casa del Padre, y están caminando el proceso de restauración consigo mismos y con todos los afectados. Ese proceso no es nada fácil, y hubiera sido mucho mejor nunca haber llegado a este punto. Dios quiere que nos evitemos tanto dolor y sufrimiento. No era el plan original; sin embargo, recordemos que Dios está lleno de misericordia y gracia y como buen Padre está esperándonos para celebrar nuestro regreso a casa.

El segundo paso en ser completos de nuevo es perdonar. Hay tantas ofensas infligidas durante una separación, y hay que ser muy intencional en el proceso de perdonar. Cada vez que recuerdas una situación amarga con tu ex pareja, hay que perdonar. No trates de solo olvidarlo o ignorarlo. Perdona y entrega la ofensa a Dios. Él es el que hace justicia por ti. Perdonar es una manera de quitarte de la ecuación entre Dios y el que te ofendió. Cuando perdonas, quitas el obstáculo para que Dios obre a tu favor. Cuando no perdonas es como traer esa ofensa pasada a tu presente, y ese afán va a afectar tu nueva relación. Perdonar es un acto de la voluntad. No es un sentimiento. Se trata de soltar. Y para recibir lo nuevo, es esencial soltar el pasado. Ese paso es importante también para los que han pasado por la muerte de un cónyuge. La tendencia después de la pérdida de un ser querido es recordar solamente lo bueno en un intento de honrarlos. Sin embargo, no es sano si tienes emociones no resueltas. Ningún ser humano es perfecto, y muchas veces sus errores tienen consecuencias que duran aun después de que hayan partido de este mundo. Es importante perdonar esas fallas para ser completamente libres y recibir lo nuevo.

El tercer paso es rendirte delante de Jesús. Hay que rendir tanto el pasado con sus dolores, fracasos y momentos felices, como el presente y el futuro con las expectativas y los temores. No podemos ser enteros y entregarnos completamente a lo nuevo si vivimos de los recuerdos del pasado, tanto los malos como los buenos. Es importante dar gracias por lo bueno y perdonar lo malo sin vivir en esos momentos. Está bien visitar los momentos, pero no quedarse ahí. Entrega las memorias a Dios y pídele ayuda para no acampar en ese lugar. Lo mismo pasa con el futuro. Hay que sacudirse el temor de los *qué tal si: qué tal si me pasa lo mismo otra vez, qué tal si mis hijos se dañan mas en el proceso...* Decide confiar de nuevo y mantener expectativas sanas. Recuerda que tu nuevo cónyuge es una persona única y debes guardar tu corazón de hacer comparaciones. Rinde todos tus temores a Jesús. Cada matrimonio tiene momentos de ajuste y retos; no significa que va a terminar en dolor y fracaso de nuevo. El enemigo es un experto en fabricar escenarios negativos en nuestra mente. Dios pagó un alto precio por nuestra libertad y hay que caminar en esa libertad, llevando «cautivo todo pensamiento para que se someta a Cristo» (2ª de Corintios 10:5).

El cuarto paso es abrazar lo nuevo con todos sus retos y risas. Aquí es donde vamos a pasar más tiempo, viendo unos consejos prácticos para ayudarte a caminar hacia el éxito en tu nueva relación y con tus hijos, construyendo juntos lo que se conoce hoy en día como una familia compuesta.

Las familias compuestas

Una familia compuesta es aquella donde dos personas se unen en matrimonio, pero que vienen de relaciones anteriores con hijos de los dos o alguno de ellos. Las estadísticas dicen que alrededor del 50 %[8] de las familias de hoy en los Estados Unidos son familias compuestas. Las familias compuestas tienen una dinámica diferente a la de una familia que se ha desarrollado de un solo matrimonio, y debemos estar conscientes de estas diferencias.

No es que sean matrimonios de segunda clase, sino que por el solo hecho de venir de otras relaciones y con hijos propios, la situación en casa va a ser diferente. Cada familia tiene y desarrolla su propia cultura. Cuando nos casamos venimos de dos familias diferentes, y si a eso le añadimos

8. http://www.stepfamily.org/stepfamily-statistics.html

la cultura de las relaciones anteriores que vienen ligadas a los hijos de esas relaciones, la historia se hace aún más interesante.

Cuando se toma la decisión de casarse nuevamente y formar una familia compuesta, es necesario prepararse para un proceso de adaptación. Requiere mucha paciencia, comunicación y ser intencionales para edificar la nueva familia. En nuestras pláticas de apoyo matrimonial nos damos cuenta de que algunas parejas inician el nuevo matrimonio pensando que van a poder navegar los retos sin ninguna preparación o atención especial. Esto realmente es ser ingenuo e irrealista. Creo que el primer paso hacia el éxito en una familia compuesta es reconocer que su situación es diferente y que será desafiada con retos únicos que otras familias que no han tenido que pasar por el mismo proceso.

Puntos a tratar en el proceso de adaptación:

1. **Los lazos físicos, emocionales y espirituales de la relación pasada.**

Cuando un nuevo matrimonio une sus vidas y se forma la nueva familia compuesta y viven ahora bajo el mismo techo, tenemos que ser muy sensibles, ya que en muchos casos se espera que los hijos simplemente se adapten a la nueva relación de mamá o papá, pero realmente no funciona así. En el corazón de cada niño o joven está la necesidad de ser amados por sus padres naturales. El divorcio, la separación o la muerte dejan un hueco muy grande en los hijos. La idea de que «*no te preocupes, se le va a pasar*» no es justo. Hay muchas personas hoy por el mundo, ya siendo adultos, que llevan las cicatrices de las heridas de un divorcio o separación de sus padres. Recordemos que no era el plan de Dios; sin embargo, entendemos que con

Cristo podemos seguir adelante sin culpa y condenación. Un divorcio es devastador y para los hijos no es fácil poder superarlo. El sentimiento de abandono y rechazo es muy fuerte, y el enemigo se encarga de decirles que todo pasó por su culpa. Hay lazos físicos, emocionales y espirituales que vienen de los padres naturales con recuerdos y pensamientos que están impregnados en sus almas. Es importante no pedirles a los hijos que «abrasen lo nuevo», que dejen el pasado y que lo olviden. Eso no va a suceder y no debe suceder. Siempre estará el recuerdo en el corazón de cada niño/joven de lo bueno y lo malo de la unión de sus padres naturales; los eventos familiares y momentos que vivieron juntos. Si apresuramos su sanidad con comentarios como «esta es nuestra realidad ahora, tenemos que ser realistas y enfrentarla», lo único que esto hace es producir resentimiento en sus corazones contra el padre o la madre y contra la nueva persona que se integra a sus vidas. Más bien debemos incluirlos a la nueva relación sin menospreciar su relación con sus padres biológicos ni minimizar su proceso de sanidad emocional. No hay forma de hacer ver la pérdida como algo bonito. Tratar de entender a los hijos en su dolor es parte de los retos de la nueva familia compuesta. La paciencia y el amor son claves para poder sanar y acceder a sus corazones. Algo importante es animar a que los hijos continúen y fortalezcan la relación con sus padres naturales si es posible sin cargar sobre ellos tus sentimientos negativos hacia tu ex.

Se necesita mucha sabiduría para navegar estas aguas, pero la Biblia nos dice: «Si necesitan sabiduría, pídansela a nuestro generoso Dios, y él se la dará; no los reprenderá por pedirla» (Santiago 1:5, NTV). Aún entre la pareja puede haber momentos de duda, recuerdos del pasado y reacciones al rechazo. El índice de divorcio en las familias compuestas es mayor que el de las parejas que se casan por primera vez.[9] Se necesita crecer en madurez para ayudarse mutuamente a iniciar una nueva vida y evitar otro divorcio.

El temor a fracasar nuevamente puede afectar las motivaciones y actitudes dentro de la relación, pero recordemos que Dios no nos ha dado un espíritu de temor (2ª de Timoteo 1:7-9, NTV). Con la ayuda del Espíritu Santo podemos controlar nuestras emociones y decir no al temor al fracaso y recordar que el amor echa fuera todo el temor. Volver a amar es posible, y una familia compuesta debe estar animada a vivir su nuevo presente y a abrazar el futuro aun con los recuerdos del pasado. Si lo logran hacer, cosas maravillosas sucederán y podrán establecer una nueva cultura familiar.

2. La cultura familiar

Cada familia tiene su propia cultura y visión, aunque no se desarrolle intencionalmente; los hábitos diarios y la forma de ser de cada miembro hace que esta cultura se afirme día a día. Cuando se inicia una familia compuesta, deben ser sensibles los unos a los otros, ya que vienen de trasfondos diferentes y es necesario ser intencionales al empezar a crear una nueva cultura familiar. Por ejemplo: cómo van a pasar los días festivos (las tradiciones de Navidad y los cumpleaños); cuáles son las expectativas de ayudar con los quehaceres en la casa; cuáles son las horas de llegada a casa para los jóvenes; qué se permite ver a los niños en la televisión; cuáles son las expectativas de higiene personal de los hijos; qué tipo de comida se va a comprar y preparar; qué tipo de vacaciones disfrutan más los hijos. Estos son temas que normalmente ya se han establecido en sus familias anteriores,

9. http://www.stepfamily.org/stepfamily-statistics.html

pero hay que ver cómo van a funcionar en esta nueva familia compuesta. Lo más importante es tratar a los hijos con igualdad y tener una comunicación clara acerca de las expectativas. No pueden ser mis reglas para mis hijos y tus reglas para tus hijos. Hay que tomar de los dos lo mejor y establecer una nueva cultura.

La clave para lograr criar a los hijos juntos es la unidad, la igualdad y la claridad: *tomamos las decisiones juntos, tratamos a los hijos por igual* y *somos claros con lo que esperamos de ellos*. Normalmente hay expectativas que los padres dan por hecho que los hijos de la nueva familia van a entender. Pero no es así como sucede; como dicen... *cada cabeza es un mundo diferente*. Lo que para ti es obvio, para la otra persona no lo es, y menos si no crecieron juntos. En una familia compuesta la frustración por pequeñas diferencias sucede muy a menudo. Por qué no tomar un tiempo y hablar al respecto antes de empezar solo a corregir y regañar. El apego emocional de los hijos hacia el nuevo papá o mamá no sucede de la noche a la mañana, pero se puede lograr con comunicación, paciencia y amor. Los padres nuevos no se tienen que convertir en los mejores amigos (ni en los peores enemigos) de los hijos, sino tratar de entender el lugar y rol de cada uno dentro del nuevo núcleo familiar. Busquen momentos de conexión con nuevas actividades o rutinas que pueden desarrollar juntos y adopten las buenas costumbres de las culturas familiares pasadas. Por ejemplo: si los niños comentan que les gustaba salir a desayunar de vez en cuando como familia cuando su papá estaba presente, pero ahora que papá no está lo resienten. Esta es una buena oportunidad para que la nueva figura paterna pregunte si les gustaría continuar con esa tradición o prefieren que comiencen una tradición nueva. Los hijos te darán una pista de lo que su corazón anhela. Es importante ser sensible a eso en vez de forzar algo sobre ellos.

3. Los límites sanos

Este punto es sumamente importante, ya que naturalmente Dios estableció límites de atracción y respeto entre padres e hijos y los hermanos. Esto quiere decir que un papá sano emocional y espiritualmente no tendrá una atracción física hacia su hija adolescente, sino que tendrá más bien un sentido de protección hacia ella, y la verá con ojos de pureza y amor paternal. Sé que hay casos donde estos límites se han traspasado aun en familias naturales y las consecuencias son devastadoras. Con un padrastro el índice sube porque no existe la protección natural que Dios puso entre padres e hijos; se tiene que construir. Y por eso los límites son muy importantes. Poner lineamientos desde el principio ayudará a la familia a sentirse segura. Por ejemplo, no se debe dejar a los hijos del sexo opuesto a solas sin supervisión. La curiosidad sexual es normal en los niños, y aun en una familia de sangre hay que ayudar a nuestros hijos a manejar correctamente su sexualidad. Sin embargo, incrementa aún más la posibilidad de un abuso cuando no son hermanos naturales.

Otro punto importante es que hay que ser más cuidadoso con la vestimenta. Las niñas, e incluso la mamá, deben tener más cuidado de no vestirse de una manera expuesta o con ropa inmodesta. Esto no significa que ella sería culpable de cualquier tipo de abuso, no importa que tan descuidada es. Cada persona es 100 % responsable de sus propias acciones; sin embargo, como dice la Biblia, es mejor no ser tropiezo para los débiles (1ª de Corintios 8:9). También, los abrazos y contacto físico entre los nuevos miembros de la familia deben de ser más cuidadosos, siempre estando conscientes de no traspasar ninguna barrera de respeto. Hay familias compuestas que no son muy cuidadosas con este tema, y con el tiempo se descubre que sucedió abuso sexual de algún tipo. Los niños son sumamente dañados, y tristemente hay madres que no protegen a sus hijos porque creen que están exagerando o no quieren poner en riesgo su nueva relación. Pero a la primera señal de la falta de respeto o una queja de parte de los hijos, se debe aclarar la situación y tomar acción inmediata.

Otro límite importante es la forma en cómo se va a disciplinar a los hijos y cuál es el papel del nuevo papá o mamá. Es sano que al principio su participación sea pequeña, pero con el paso del tiempo y con amor puede ir aumentando su participación. Creo que es muy importante que se pongan de acuerdo como pareja sobre este tema y lo visiten constantemente. Es bueno involucrar a los hijos si tienen la edad suficiente y conversar con ellos sobre los nuevos cambios que se planean hacer y escuchar su opinión. Recuerden que ahora son una nueva familia y la meta es la unidad.

4. Los recursos económicos

Los recursos financieros son otro tema que es importante tocar cuando inician una nueva familia. Si no se habla al respecto, nuevamente caemos en la falta de comunicación que nos lleva a tener diferencias que se convierten en conflictos y acaban en crisis. El buen manejo del dinero dentro del hogar es esencial para tener una relación sana. Saber cómo se van a administrar los recursos que se ganan, los activos o las deudas, lo que se trae del pasado, así como las metas de cómo se va a gastar o invertir el dinero, es crucial en todas las familias, pero aún más relevante en una familia compuesta. Son temas muy importantes y deben de tener una claridad total para tener paz y seguridad dentro de la relación.

En el capítulo 7, «Finanzas sanas», encontramos una explicación clara y precisa de cómo administrar los recursos de acuerdo a las *leyes naturales y espirituales* que Dios nos muestra en su Palabra. Se aplican los principios igual en una familia compuesta. La única diferencia es en el presupuesto. Hay que poner atención especial sobre el dinero que se destina para la pensión alimenticia y la manutención de los hijos del matrimonio anterior que no viven con ustedes. Algo que vemos muy a menudo en consejería son las esposas del nuevo matrimonio que resienten la cantidad de dinero que se paga para estos fines. Es una reacción «normal», pero no es correcta. Mejor hay que darle gracias a Dios que tu marido es un padre responsable y que ama a sus hijos. Considéralo como una necesidad básica en tu presupuesto (como comer y pagar la casa). Ese dinero no te pertenece. Hay que liberarlo con gusto igual como las ofrendas al Señor: «...no den de mala gana ni bajo presión, "porque Dios ama a la persona que da con alegría". Y Dios proveerá con generosidad todo lo que necesiten. Entonces siempre tendrán todo lo necesario y habrá bastante de sobra para compartir con otros» (2ª de Corintios 9:7-8, NTV).

Como podemos ver en este capítulo, Dios siempre nos da la oportunidad de empezar de nuevo, aun si su plan original para nuestras vidas fue quebrantado por nuestro pecado o por situaciones que estuvieron fuera de nuestro control. Dios es tan grande que no tiene un plan B. Todos sus planes se convierten en plan A bajo su mano poderosa. Recordemos que Dios no es el Dios de las segundas oportunidades, sino de las nuevas oportunidades, ya que sus misericordias son nuevas cada mañana (Lamentaciones 3:23).

«...después de que ustedes hayan sufrido un poco de tiempo, Dios mismo, el Dios de toda gracia que los llamó a su gloria eterna en Cristo, los restaurará y los hará fuertes, firmes y estables. A él sea el poder por los siglos de los siglos. Amén» (2ª de Pedro 5:10-11).

¡DIOS ES EL DIOS DE LA RESTAURACIÓN!

Conclusión

COMO HEMOS VISTO EN ESTE LIBRO, *UN MATRIMONIO DIVINO* es posible solamente con la intervención de Dios. Nuestro deseo es que lo que hemos compartido aquí te anime, te inspire y te llene de esperanza para tener una vida plena como pareja. Nosotros somos testigos de primera mano de cómo nuestra familia ha sido bendecida por Dios al poner en práctica Mateo 6:33: «Busquen el reino de Dios por encima de todo lo demás y lleven una vida justa, y él les dará todo lo que necesiten» (NTV). Hemos visto también sus obras milagrosas en otras familias que han estado dispuestas a caminar el proceso de restauración con él.

Si quieres invitar a Jesús a tomar el control de tu vida y matrimonio, solamente recibe lo que él ya hizo por ti en la cruz. Aun si ya lo has hecho, hoy es un excelente momento para rededicar tu matrimonio a Dios, entregando tu familia bajo su cuidado.

Aquí te dejamos una oración que puedes hacer junto con tu pareja en voz alta.

Oración

Señor Jesús, te agradecemos por la oportunidad que nos das de conocerte y pertenecer a tu reino. Hoy decidimos hacerte el Señor y Salvador de nuestras vidas. Te entregamos todo lo que somos, lo que tenemos y nuestro futuro lo ponemos en tus manos.

Creemos firmemente que tú eres el Hijo de Dios y que viniste al mundo a rescatarnos y no a condenarnos. Te pedimos perdón por nuestras faltas y pecados. Deseamos ser la representación del reino de Dios aquí en la tierra a través de nuestro testimonio como personas y como matrimonio. Espíritu Santo, te invitamos a morar dentro de nuestros corazones, y te pedimos que nos ayudes, guíes y muestres cómo usar la autoridad que ahora tenemos en Cristo Jesús. Echamos fuera toda influencia, opresión, aflicción, enfermedad de nuestras vidas y matrimonio. Y declaramos que somos más que vencedores por la sangre de Jesús y el poder de nuestro testimonio. Recibimos la bendición de nuestro Padre Celestial y todas sus promesas que él ya preparó para aquellos que lo aman. Gracias, Dios, por esta nueva oportunidad de estar contigo desde ahora y por la eternidad; decidimos hoy como pareja caminar en tus principios haciéndote a ti el centro de nuestro matrimonio divino... ¡Amen!

Printed in the USA
CPSIA information can be obtained
at www.ICGtesting.com
LVHW011129090824
787694LV00003B/334